掌尚文化

SALUTE & DISCOVERY

致敬与发现

BANK

中小银行监管理论与实践研究

钟 震 著

Research on Supervision Theory and Practice of Small and Medium-sized Banks

经济管理出版社
ECONOMY & MANAGEMENT PUBLISHING HOUSE

图书在版编目（CIP）数据

中小银行监管理论与实践研究/钟震著. —北京：经济管理出版社，2020.9
ISBN 978-7-5096-7485-7

Ⅰ. ①中… Ⅱ. ①钟… Ⅲ. ①中小企业—商业银行—银行监管-研究
Ⅳ. ①F832.33

中国版本图书馆 CIP 数据核字（2020）第 158339 号

组稿编辑：宋 娜
责任编辑：宋 娜 张鹤溶 李光萌
责任印制：黄章平
责任校对：董杉珊

出版发行：经济管理出版社
（北京市海淀区北蜂窝 8 号中雅大厦 A 座 11 层 100038）
网 址：www.E-mp.com.cn
电 话：（010）51915602
印 刷：唐山昊达印刷有限公司
经 销：新华书店
开 本：720mm×1000mm /16
印 张：12.25
字 数：176 千字
版 次：2020 年 10 月第 1 版 2020 年 10 月第 1 次印刷
书 号：ISBN 978-7-5096-7485-7
定 价：98.00 元

前　言

中小银行有其特殊性，既有别于大银行，又有别于其他类型的金融机构。相应地，中小银行监管也应当体现出其区别，不能简单与其他类别机构混为一谈。从国际实践看，以欧美日为代表的中小银行差异化监管已成为普遍共识。在我国，近年来中小银行风险逐渐浮出水面，除了自身问题以外，监管体系存在的短板也不容忽视。作为一项重要的金融法治化制度建设，完善中小银行监管体系作为化解中小银行风险的抓手，也是打赢防范化解重大金融风险攻坚战的关键所在。在此背景下，加强对中小银行监管理论与实践研究，具有理论的重要性和现实的紧迫性。

本书提出的中小银行监管“四性”原则理论框架具有一定的开拓性，为金融监管领域提供了新的分析框架和研究方法。在吸收国内外理论成果的基础上，突破以往文献中的分析局限，引入法学、经济学等多学科视角，以监管平衡性、监管差异性、监管公平性、监管协调性为主线，探索构建完整的理论体系及政策框架，用于指导实践。

本书的研究对象集中在“一个体系、‘四性’原则”上。“一个体系”，即中小银行监管体系的理论框架构建、国际经验总结以及中国模式设计。“四性”原则，即从理论逻辑来看，各国监管框架设计遵循“四性”原则，即监管平衡性、监管差异性、监管公平性、监管协调性。

第一，中小银行准入与退出监管平衡性原则。市场经济的有效运行离不开优胜劣汰的竞争机制，如果在市场中“只生不死”，市场主体将没有动力提高效率和竞争力，发挥市场在资源配置中的决定性作用也将无从谈起。中小银行作为市场主体，无论准入还是退出，都是市场选择的必然结果，其市场化退出机制更是市场运行中的重要构成。从实践看，中小银行市场化退出并不是极个别的特殊问题，而是市场经济新旧更迭中的常见现象，在全球范围内都普遍存在。

第二，中小银行与大银行的监管差异性原则。该原则既关系到这两类银行的市场定位问题，也涉及整个金融体系的结构设计问题。从理论看，与大银行相比，中小银行更容易通过银企双方长期的合作关系，来获得中小企业产生的“软信息”，从而获得中小企业融资服务的信息优势。从国际实践看，在市场定位上，中小银行和大银行之间并不是此消彼长的关系，而是互为补充、各取所长。一个较为成熟完善的金融体系应该是正金字塔结构，即在顶部是少数的大银行，而底部应该是具有一定数量的中小银行作为基石。以美国为例，其金融体系结构是在市场竞争下长期优胜劣汰的结果。以社区银行为代表的美国中小银行，数量众多，分布广泛，服务对象主要为中小企业和当地居民，业务经营也以传统信贷为主。从美日实践来看，中小银行监管差异性设计已纳入监管结构整体框架之中。如何在避免“一刀切”和避免政策套利之间取得平衡，是监管差异性需要考虑的问题。

第三，中小银行与其他金融机构监管公平性原则。如何维持各类金融机构的监管公平性问题，是一个不可回避的挑战。从市场结构分析来看，其他存款类金融机构、非银行类金融机构、非传统金融机构都有可能享受银行展业优势而不用承担相应监管成本。由于一些存款类金融机构本身享有一定的税收等方面的政策优惠，会对中小银行产生强大的竞争压力，甚至扭曲金融体系的监管公平性。比如美国银行式的信用合作社、农村信用体系等。还有一些非银行类金融机构在功能上银行化，或者因政策套利等原因成立类银行机构，这些机构不受银行监管却享受银行功能带来的便利，形成了不公平的监管优势，这些都对中小银行形成了挑战。此外，金融科技的发展极大地拓展了金融服务的地理区域，克服了传统银行服务在距离上的不经济，由此给客户提供了更多转换服务机构的选择。一些科技巨头企业甚至利用产融结合和金融科技等优势，形成 BigTech 公司，严重冲击了中小银行乃至大银行的市场地位。

第四，各监管主体间监管协调性原则。各监管主体之间职责分工是否界定清晰，是否能够统筹协调，从中小银行监管来看主要涉及三个方面：一是上级监管机构与下级监管机构之间的统筹协调是否顺畅，包括中央与地方金融管理部门以及监管机构与自律组织之间。二是同级监管机构之间的统筹协调是否顺畅。三是金融监管部门与地方政府之间的统筹协调是否顺畅。

借鉴国际经验，结合我国实际，基于“四性”原则，提出了我国中小银行监管体系设计的关键之处，从而提升中小银行监管的及时性和有效性。

其一，我国中小银行监管平衡性设计的关键点。在我国，长期以来“重救助、轻退出”一直困扰着中小银行市场化退出机制的建设。当中小银行发生危机时，国家更倾向于救助，而忽视了市场化退出机制的作用。历史证明，中小银行市场化退出机制的缺失，加重了国家的财政负担，加大了中小银行的道德风险，危及金融业乃至经济社会的安全稳定和有序发展。

鉴于中小银行准入与退出应遵循监管平衡性原则，未来我国相关体系设计应突出以下关键点：一是积极鼓励并合理引导各类资本进入中小银行；二是以存款保险为平台，积极探索出问题银行风险处置的中国之路；三是加快完善我国中小银行公司治理。

其二，我国中小银行监管差异性设计的关键点。与美日相比，我国中小银行监管缺乏一整套差异性方案。在实践中，更是表现为碎片化或临时性的特点，缺乏整体性和长期性的规划设计，不利于中小银行长期稳健发展。

鉴于中小银行与大银行之间应遵循监管差异性原则，未来我国相关体系设计应突出以下关键点：一是实施动态的银行分类标准；二是做实以资本充足率为核心的及时纠正措施；三是引导中小银行走差异化竞争之路；四是多渠道补充中小银行资本金。

其三，我国中小银行监管公平性设计的关键点。在我国，现代金融市场和信息技术发展使传统金融监管体制面临诸多不适应性，全局性穿透式监管的缺失易造成监管真空，埋下风险隐患。主要有四方面问题，即因监管制度短板导致的监管公平性问题、因与信息技术发展不适应导致的监管公平性问题、因与现代金融市场发展不适应导致的监管公平性问题、因体制外监管缺失导致的监管公平性问题。

鉴于中小银行与其他金融机构之间应遵循监管公平性原则，未来我国相关体系设计应突出以下关键点：一是加快补齐监管制度短板，健全金融监管法律体系；二是加速中小银行数字化经营转型；三是推动行业自律工作，维护公平市场环境。

其四，我国中小银行监管协调性设计的关键点。由于缺乏统一的金融监管协调法，金融委、央行、银保监会、金融业综合统计及跨部门共享、地方协调机制初步建立且效果有待观察，监管冲突和空白地带职责分工有待进一步明确，我国中小银行监管协调性仍面临严峻的挑战。

鉴于各监管主体间监管协调性原则，未来我国相关体系设计应突出以下两个关键点：一是促进中央层面金融监管协调；二是完善地方金融监管协调机制。

目　录

第一章　导　言

第一节　研究简介

一、研究背景与研究意义

（一）研究背景

中小银行在我国整个金融体系中处于重要的基础性地位。中小银行大多规模较小，在特定区域开展业务，地缘和客户资源优势较强，机制更为灵活，市场敏锐度较高，在提供广覆盖、差异化、高效率、可持续的融资服务方面，发挥了至关重要的作用，是发展普惠金融、服务“三农”、民营、小微的重要力量。

中小银行健康发展对我国经济转型升级具有非常重要的意义。随着我国经济结构的逐步优化和再平衡，服务业和消费已成为经济增长的主引擎，经济增长将更多依靠人力资本和技术进步，但作为我国金融体系主体的大型商业银行，信贷服务主要以厂房设备等“重资产”抵押为主，更适合支持大型企业和传统制造业发展，难以充分满足特色化、小型化的新兴产业、服务业和小微民营企业的融资需求。我国中小银行始终坚持贯彻“创新、协调、绿色、开放、共享”新发展理念，特别是在普惠金融方面发挥了重要的作用。中小银行的健康发展，有效促进了市场竞争，激发了金融体系活力，提升了金融服务质量，在服务实体经济、促进经济转型、实现高质量发展过程中，具有极为重要的意义。

党中央、国务院高度重视中小银行的重要作用。2019 年 2 月 22 日，习近平总书记在中央政治局第十三次集体学习时强调，要“增加中小金融机构数量和业务比重，改进小微企业和‘三农’金融服务”。2018 年和 2019 年中央经济工作会议分别指出，要“发展民营银行和社区银行，推动城商行、农商行、农信社业务逐步回归本源”“推动中小银行聚焦主责主业”。2020 年 5 月 11 日，中共中央、国务院发布《关于新时代加快完善社会主义市场经济体制的意见》指出，要“健全支持中小企业发展制度，增加面向中小企业的金融服务供给，支持发展民营银行、社区银行等中小金融机构”。2020 年 5 月 22 日，政府工作报告指出，要“推进要素市场化配置改革，推动中小银行的补充资本和完善治理，更好服务中小微企业”。

近年来，中小银行整体发展态势良好，但不可否认的是，一些中小银行的问题已逐渐显现。城商行和农村金融机构作为中小银行的主体，成立之初的定位就是满足本地区小微企业、个体工商户和涉农金融需求。21 世纪初央行票据置换、城市信用社改制城商行等改革后，我国中小银行发展迅速，绩效明显提高。与此同时，中小银行风险问题也在逐步累积，近期暴露出的部分城商行、农合机构和村镇银行的问题，已成为不容忽视的不稳定因素。

这一点从历次国务院金融稳定发展委员会历次会议中就可见端倪。

2018 年 8 月 3 日，国务院金融稳定发展委员会召开第二次会议，提出深化金融改革，完善大中小金融机构健康发展的格局。可见，此时中小银行的风险问题并没有充分暴露，国家主要是从优化金融体系格局角度来定位中小银行发展。

2019 年 7 月 19 日，国务院金融稳定发展委员会召开第六次会议，提出把握好处置风险的力度和节奏，坚持在推动高质量发展中防范化解风险，及时化解中小金融机构流动性风险，坚决阻断风险。可见，继包商银行接管事件之后，中小银行风险引起了党中央和国务院的关注。在关注点上，流动性风险被提及，同时风险处置的原则也基本定调。

2019 年 9 月 27 日，国务院金融稳定发展委员会召开第八次会议，提出重点支持中小银行补充资本，将资本补充与改进公司治理、完善内部管理结合起来，有效引导中小银行下沉重心、服务当地，支持民营和中小微企业。随着对包商银行、锦州银行等中小银行风险处置的深入，国家层面意识到资本补充与公司治理的重要性，并注重对其市场定位的纠偏。

2019 年 11 月 6 日，国务院金融稳定发展委员会召开第九次会议，提出要深化中小银行改革，健全适应中小银行特点的公司治理结构和风险内控体系，从根源上解决中小银行发展的体制机制问题。要把加强顶层设计和激发内生动力充分结合起来，注意中央与地方、政府与市场的分工，理顺激励机制，充分调动各方面的积极性。要压实金融机构主体责任、地方政府属地责任和金融管理部门监管责任，完善银行补充资本的市场环境和配套政策，健全可持续的资本补充体制机制。当前要重点支持中小银行多渠道补充资本，优化资本结构，增强服务实体经济和抵御风险的能力。要注意推广一些中小银行经营管理中的好经验、好做法，改进中小银行的商业模式。值得注意的是，此次会议是首次对中小银行发展提出了一整套的政策方案，说明中小银行改革势在必行。

2019 年 11 月 28 日，国务院金融稳定发展委员会召开第十次会议，提出注重在改革发展中化解风险，多渠道增强商业银行特别是中小银行资本实力。要突出问题导向，进一步深化资本市场和中小银行改革。时隔不到一个月，国家层面再次提及中小银行资本，凸显了中小银行改革的紧迫性和重要性。

2020 年 1 月 7 日，国务院金融稳定发展委员会召开第十四次会议，提出要深化金融供给侧结构性改革，健全具有高度适应性、竞争力、普惠性的现代金融体系。要多渠道补充中小银行资本金，促进提高对中小企业信贷投放能力。主要是从加大中小企业的信贷支持角度，再次强调中小银行资本补充问题。

2020 年 4 月 7 日，国务院金融稳定发展委员会召开第二十五次会议，提出采取多种有效方式加大中小银行资本补充力度，增强抵御风险和信贷投放能力。主要是从抵御风险和信贷支持角度，再次强调中小银行资本补充问题。

2020 年 5 月 4 日，国务院金融稳定发展委员会召开第二十八次会议，提出中小银行对服务实体经济和中小微企业具有重要意义。有关部门已经制定中小银行深化改革和补充资本的工作方案，要抓紧落实。必须把改革和发展有机结合起来，立足服务基层和中小微企业，在充实资本的同时，解决好中小银行在业务定位、公司治理、信贷成本等方面的突出问题，推动治理结构与业务发展良性循环。经过前期的探索，此次会议明确表示相关工作方案也已出台，并且指明风险的所在和改革的方向，说明中小银行的改革已经在路上。

（二）研究意义

在我国，近年来中小银行风险逐渐浮出水面，除了自身问题以外，监管体系存在的短板也不容忽视。作为一项重要的金融法治化制度建设，完善中小银行监管体系可以作为化解中小银行风险的抓手，也是打赢防范化解重大金融风险攻坚战的必战之役。在此背景下，加强对中小银行监管的理论与实践研究，具有理论重要性和现实的紧迫性。

一方面，现有的国内外研究并没有专门针对中小银行监管理论分析框架，而是与其他类型的银行监管混为一谈。事实上，中小银行有其特殊性，既有别于大银行，又有别于其他类型的金融机构，需要结合其特点，重构理论分析框架。本书提出的中小银行监管“四性”原则理论框架具有一定的开拓性，为金融监管领域提供新的分析框架和研究方法。在吸收国内外理论成果的基础上，突破以往文献中分析的局限，引入法学、经济学等多学科视角，以监管平衡性、监管差异性、监管公平性、监管协调性为主线，探索构建完整的理论体系及政策框架，用于指导实践。本书丰富了以往的研究成果，具有较高的学术价值。

另一方面，中小银行监管问题研究具有现实的紧迫性和重要性。党中央和国务院高度重视，国务院金融稳定发展委员会连续八次会议聚焦中小银行。下一步，要贯彻落实党的十九届四中全会精神，自觉把中小银行监管体系建设放到推进国家治理体系和治理能力现代化的大局中思考，补齐制度短板，推动中小银行长期稳健发展。本书结合我国现实约束，充分借鉴国际经验，基于“四性”原则，设计适合我国国情的中小银行监管体系。在应用价值上，一是为国内外监管实践提供具有可操作性的理论依据和实践准则。二是为我国中小银行监管体系和金融监管体制改革提供国际范式和未来方向。三是为我国金融监管乃至国家金融战略调整提出整体思路。本书依据“四性”原则，构建了我国中小银行监管体系新框架，提出了我国国家金融战略调整的对策，可供政府制定战略时参考，对决策部门有重要的现实意义和应用价值。

二、研究思路与研究对象

（一）研究思路

本书从传统金融监管学的理论和实践困境出发，结合中小银行的特殊性，创造性地提出中小银行监管“四性”原则，全面总结国际经验教训，并总结归纳发展演进规律。结合我国现实约束，充分借鉴国际经验，基于“四性”原则，设计适合我国国情的中小银行监管体系本土化模式，并以该模式为核心应用到当前正在进行的金融监管体制改革中。

（二）研究对象

本书的研究对象集中在“一个体系、‘四性’原则”上。

“一个体系”，即中小银行监管体系的理论框架构建、国际经验总结以及中国模式设计。

“‘四性’原则”，即从理论逻辑来看，各国监管框架设计遵循

“四性”原则，即监管平衡性、监管差异性、监管公平性、监管协调性。具体包括以下四个方面：

（1）中小银行准入与退出监管平衡性原则。市场经济的有效运行离不开优胜劣汰的竞争机制，如果在市场中“只生不死”，市场主体将没有动力提高效率和竞争力，发挥市场在资源配置中的决定性作用也将无从谈起。中小银行作为市场主体，无论准入还是退出，都是市场选择的必然结果，其市场化退出机制更是市场运行中的重要构成。从实践看，中小银行市场化退出并不是极个别的特殊问题，而是市场经济新旧更迭中的常见现象，在全球范围内都普遍存在。

（2）中小银行与大银行的监管差异性原则。中小银行与大银行的监管差异性原则关系背后，既关系到这两类银行的市场定位问题，又涉及整个金融体系的结构设计问题。从理论看，与大银行相比，中小银行更容易通过银企双方长期的合作关系，来获得中小企业产生的“软信息”，从而获得中小企业融资服务的信息优势。从国际实践看，在市场定位上，中小银行和大银行之间并不是此消彼长的关系，是互为补充、各取所长。·个较为成熟完善的金融体系应该是正金字塔结构，即在顶部是少数的大银行，底部应该是具有一定数量的中小银行。以美国为例，其金融体系结构是在长期市场竞争下优胜劣汰的结果。以社区银行为代表的美国中小银行，数量众多，分布广泛，服务对象主要为中小企业和当地居民，业务经营也以传统信贷为主。从美日实践来看，中小银行监管差异性设计已纳入监管结构整体框架之中。如何在避免“一刀切”和避免政策套利之间取得平衡，是监管差异性需要考虑的问题。

（3）中小银行与其他金融机构监管公平性原则。如何维持各类金融机构的监管公平性问题，是一个不可回避的挑战。从市场结构分析来看，其他存款类金融机构、非银行类金融机构、非传统金融机构都有可能享受银行展业优势而不用承担相应监管成本。由于一些存款类金融机构本身享有一定的税收等方面的政策优惠，会对中小银行产生强大的竞争压力，甚至扭曲金融体系的监管公平性。比如美国银行式的信用合作社、农村信用体系等。还有一些非银行类金融机构功能上银行化，或者因政策套利等原因成立类银行机构，这些机构不受银行监管却享受银行功能带来的便利，形成了不公平的监管优势，这些都对中小银行形成了挑战。此外，金融科技的发展极大地拓展了金融服务的地理区域，克服了传统银行服务在距离上的不经济，由此给客户提供了更多转换服务机构的选择。一些科技巨头企业甚至利用产融结合和金融科技等优势，形成 BigTech 公司，严重冲击中小银行乃至大银行的市场地位。

（4）各监管主体间监管协调性原则。各监管主体之间职责分工是否界定清晰，是否能够统筹协调，从中小银行监管来看主要涉及三个方面：一是上级监管机构与下级监管机构之间的统筹协调是否顺畅，包括中央与地方金融管理部门以及监管机构与自律组织之间。二是指同级监管机构之间的统筹协调是否顺畅。三是金融监管部门与地方政府之间的统筹协调是否顺畅。

三、研究框架与主要内容

本书遵循“提出问题—分析问题—解决问题”的研究脉络，从“基础理论—国际实践—制度设计”的研究主线出发，其结构安排上共分为五章：

第一章为导言。包括研究简介，即研究背景与研究意义、研究思路与研究对象、研究框架与主要内容；文献综述；研究创新之处。

第二章为中小银行监管的基本理论。包括：中小银行的概念界定；中小银行的监管理论；中小银行监管“四性”原则的基本分析框架，即中小银行准入与退出监管平衡性原则、中小银行与大银行的监管差异性原则、中小银行与其他金融机构监管公平性原则、各监管主体间监管协调性原则。

第三章为中小银行监管的国际经验。包括：基于“四性”原则美国中小银行监管逻辑和现实路径，即美国中小银行监管的历史演变、组织架构、监管平衡性实践逻辑和现实挑战、监管差异性实践逻辑和现实挑战、监管公平性实践逻辑和现实挑战、监管协调性实践逻辑和现实挑战；基于“四性”原则日本中小银行监管逻辑和现实路径，即日本中小银行监管的历史演变、组织架构、监管平衡性实践逻辑和现实挑战、监管差异性实践逻辑和现实挑战、监管公平性实践逻辑和现实挑战、监管协调性实践逻辑和现实挑战。

第四章为我国中小银行监管的历史与现状。包括：我国中小银行监管的历史演变，即我国中小银行历次转型、监管演变的历史进程、监管变迁的特征分析；我国中小银行监管的现状分析，即我国中小银行监管的组织架构、逻辑起点；基于“四性”原则我国中小银行监管逻辑和现实困境，即我国中小银行监管平衡性实践逻辑和现实挑战、监管差异性实践逻辑和现实挑战、监管公平性实践逻辑和现实挑战、监管协调性实践逻辑和现实挑战。

第五章为我国中小银行监管体系设计。包括：我国中小银行监管体系整体设计；我国中小银行监管平衡性框架优化与政策设计；我国中小银行监管差异性框架优化与政策设计；我国中小银行监管公平性框架优化与政策设计；我国中小银行监管协调性框架优化与政策设计。

第二节　文献综述

一、与中小银行经营发展及监管相关的研究

周祥军（2020）认为，中小银行的风险生成主要包括过于依赖同业负债及资产性投资收入导致流动性风险、风险预估不足和风控能力较弱导致信用风险、治理机制不健全和缺乏有效监管导致治理风险三个方面。

张光华（2019）指出当前我国中小银行资产负债管理存在的主要问题，包括资产负债管理量化能力不强，工具箱不完整，管理措施不科学；资产负债管理战略性规划性不足，负债管理缺乏自主性，流动性风险管控失控；资产负债管理风控能力不强，市场风险管理能力弱。

丁栋梁（2020）指出利率市场化是我国金融市场改革的重要举措，是促进我国金融市场健康可持续发展的重要基础。经过近年来的改革推进，我国在利率市场化方面取得了极大的成绩和效果，特别是随着 LPR 机制的建立、推进和实施，我国利率市场化迈出了关键的一步。但是在利率市场化的推进过程中，对于中小商业银行来说也会带来一些新的风险和压力。中小商业银行如何更加有效地进行应对和解决，已经成了当下中小商业银行亟待解决的问题之一。

刘端（2020）指出随着金融市场改革的深入，存贷款利率逐步放开，由之带来的利率风险也对中小商业银行带来显著影响，因此中小银行必须不断提升应对利率风险能力，化挑战为机遇，实现企业的长期稳定发展。

陆岷峰（2020）认为，中小型银行业金融机构不仅是银行业生态必须配置的要素，还是承担发展普惠金融的主要载体。由于其天生的风险系数高的特性，中小型银行业金融机构在逆经济周期的背景下，爆发的信用风险事件、高管违法案件等已波及国家金融安全。其形成的原因，内外部及偶发因素都有，但根本点还是在于治理重点在精准度及力度上还不够，全面深化中小型银行业金融机构改革已是缓释其风险的不二选择。

史小坤等（2020）认为即使是损失很小的操作风险事件，也会引发巨大的声誉风险并诱发系统性金融风险。探究我国商业银行操作风险事件引发的声誉风险效应及影响因素，是研究的核心问题。该文以 2001 年 1 月至 2019 年 3 月中国上市银行公开披露的 201 件操作风险事件为样本，运用事件法进行分析。结果显示，相较于股份制银行，由于国家声誉的风险分担机制，国有大型银行操作风险事件引发的声誉风险更低且恢复较快，然而涉及高管人员的操作风险事件会造成更大的商业银行声誉损失。此外，还进一步对声誉风险的影响因素进行回归分析，结果表明虽然国有大型银行比中小银行更易受到声誉损害，但国家声誉对国有大型银行操作风险事件的声誉风险效应具有明显的抑制作用，且这种风险抑制作用会与商业银行有形资本形成“替代效应”。该文的政策启示在于，在国有大型银行为主体的金融体系中，应重点关注中小银行和高管人员在监管操作风险事件引发的声誉风险中的重要意义，通过完善落实有形资本的监管制度提升对声誉风险的抑制作用。

袁冬云等（2020）认为，中小银行流动性风险管理的三个短板为资产负债管理难度增加、数据质量和科技系统支撑不足、流动性风险管理人才匮乏。

秦建文等（2020）认为在粗放型经济高速增长时期，集团客户备受商业银行青睐。进入经济新常态后，一些集团客户由于过去粗放经营、盲目扩张、过度融资、关联互保等行为，致使商业银行面临着信贷资金被挪用、被悬空、被逃废的风险。尤其是中小银行，一旦其集团客户信贷风险爆发，就有可能侵蚀其数年利润，甚至给未来的生存和发展带来致命的打击。该文综合 69 家中小银行 2008~2018 年的面板数据进行实证分析，结果表明中小银行的客户集中度与中小银行的信贷风险度明显正相关，与中小银行的盈利水平明显负相关。据此提出在经济从粗放型高速增长转向内涵式中高速增长（经济新常态）的转型时期，中小银行管控信贷风险的对策建议：化解现存风险、明确市场定位、完善贷款风险评估机制、优化贷款结构和严守监管底线等。

吴玓等（2019）认为，商业银行流动性是否充足是商业银行能否稳健运营的关键。随着同业业务在商业银行业务所占比重日益增加，同业业务对商业银行流动性风险的影响也日渐增长。该文以西安市辖区地方性法人中小银行流动性风险特征为基础，日常流动性监测数据为样本，尝试构建考虑同业往来业务的流动性监测指标体系，使用面板数据回归模型验证考虑同业往来业务对流动性监测指标体系的显著性。结果显示，考虑同业往来业务，而非月底轧差后的同业业务净额有助于提高流动性指标的敏感度。

薛誉华等（2019）认为，一直以来我国中小型商业银行都是服务民营企业和小微企业、发展普惠金融的重要力量。但是，伴随着我国金融改革的全面深化以及金融交易的日趋复杂化，中小型商业银行面临的潜在风险增大，银行系统风险累积并诱发系统性金融风险的概率不断加大。该文运用 CCA 方法，使用 10 家中小型商业银行 2010~

2018 年的资产负债表和证券市场日交易数据，计算得到各银行的日潜在损失，作为各银行的个体风险损失。并运用 PCA 方法测算 10 家银行的整体潜在损失水平，用以衡量我国中小型商业银行的整体风险。结果显示：10 家中小型商业银行的潜在损失变动趋势大体一致，个体损失的峰值区间基本与极端事件的发生期间相吻合；中小型商业银行的整体潜在损失变化与全国性股份制商业银行的变化趋势基本一致。

强锴（2019）认为市场经济格局变化导致我国的金融体系面临诸多的风险问题，商业信贷在我国的起步相对较晚，整体管理水平有限。现阶段商业银行的对外业务维持运营发展所需，主要还是依赖信贷业务，申请贷款的企业状况不同，带来的风险性也有所不同，实践证明小企业的风险管理工作较为复杂。全面分析我国商业银行信贷业务实际情况，找出在信贷风险管理阶段的诸多问题，能够给商业银行信贷业务带来参考价值。

周炯成（2020）认为商业银行贷款是我国中小企业良性发展的主要支撑，也是影响中小企业市场竞争力的主要因素。对商业银行而言，市场竞争越来越激烈，为了进一步提高银行的经营效益，就必须加大对中小企业的投资。但想要确保投资的利润，商业银行必须结合市场经济的实际情况，成立中小企业风险管理机制，合理投资中小企业，形成良性循环，促进商业银行自身发展。

徐建平等（2020）指出解决小微企业融资难是当下监管层重视的问题。中小商业银行在这方面进行了有益的探索。该文总结了目前小微企业信贷业务做得较好的三家中小银行的风险控制手段。从目前的主流风控措施来看，中小商业银行能够根据小微企业的特点采取针对性的风险控制措施，如考虑到小微企业的企业主对公司影响大，就重点关注企业主本人，又如考虑到小微企业财务制度往往不健全，转而查看台账、存货、应收账款等经营信息。中小商业银行这些差异化的贷款风控措施缓解小微企业“融资难”“融资贵”的问题，减轻了小微企业肩上的负担，有力地促进了实体经济的发展。与此同时，这些灵活的风控措施也存在着明显的短板，如对企业主个人信息的获取较为主观、企业财务数据掌握的不全面等，让中小商业银行承担了更多的风险。随着大数据征信等技术的不断进步，中小商业银行应当在现有基础上不断创新针对小微企业的风险控制手段，降低自身风险。

胡天伊（2020）指出构建多层次、广覆盖、特色化、差异化的银行体系，满足不同市场主体的融资需求，尤其是增加中小金融机构数量和业务比重，改进小微企业和“三农”金融服务，是金融供给侧结构性改革面临的一个重要任务。但由于我国对中小银行缺乏引导性的制度与政策安排，致使中小银行发展盲目追求扩张，银行业产品同质化现象严峻，且在跨区域发展中集聚了大量风险。长期来看，这不利于中小银行的进一步发展和地方金融系统的安全。该文通过对美国社区银行监管实践的分析与研究，从立法层面提出了促进中小银行发展成为经营稳健的区域性商业银行并为所属区域内的中小企业、居民个人提供多样化金融服务的建议和意见。

纪森等（2019）认为，随着经济下行压力加大，中小商业银行面临的风险显现集中、突发和扩大的特征，个别中小商业银行公司治理存在严重缺陷，监管规则一致性和政策协调不够充分。中小商业银行要对经济金融形势保持清醒的认识，转变观念，从规模优先转向质量优先，大力提高中小商业银行公司治理水平，充分发挥金融科技作用，要结合当地实体经济和自身情况，聚焦于战略再定位基础上的差异化竞争策略。

李华民和吴非（2015）驳斥了金融机构与其融资对象之间存在规模对应规则的观点，认为大型商业银行在小微企业信贷上的贡献更大。

姚耀军和董钢锋（2014）通过欧拉方程投资模型发现中小银行发展显著降低了企业投资对现金流的敏感性，有效缓解了中小企业融资约束。

王健聪（2012）认为大银行倾向于为提供规范透明信息的企业贷款，中小企业会因为信息不对称被排斥在信贷市场外，随着中小银行市场份额的上升，中小企业与大企业银行的信贷差异缩小。

孙宗宽（2015）认为我国银行风险管理以外生驱动为主，内生机制作用较弱，推动银行进行新一轮资源整合是当前形势下市场化处置中小商业银行风险的重要方式。同时，尽快出台商业银行市场化退出机制，拓宽银行资本补充渠道，适度降低资本补充工具准入门槛，防止问题银行“绑架”监管助长道德风险，推动股东大会、董事会、监事会和高级管理层（以下简称“三会一层”）发挥实效，厘清“三会一层”在公司治理中的职责和边界，加速构建基于规范公司治理机制为基础的全面风险管理体系。

王天宇（2015）认为在经济新常态下，大型银行与中小商业银行市场环境分化，中小商业银行面临较大经营压力，使用资金的成本急速上升，信贷风险逐渐暴露。中小商业银行应树立积极主动的风险管理理念，加强信贷管理，找准角色定位，扬长避短，深耕细作，走差异化、精品化、特色化道路，实现平稳可持续发展。

罗正英等（2011）实证研究发现不同规模的银行对银企关系的贷款效应无显著影响，中小金融机构在开展关系型贷款方面可能并不存在优势。

邓超等（2010）认为大银行与小企业之间存在金融共生关系，大银行需要开拓小企业客户和市场来寻找新的利润增长点，小企业也需要大银行提供全面综合的金融服务。

李志赟（2002）通过将中小金融机构引入中小企业融资模型，发现引入中小金融机构将增加中小企业信贷总量。

林毅夫和李永军（2001）提出大型金融机构天生不适合为中小企业服务，大力发展和完善中小金融机构是解决我国中小企业融资难问题的根本出路。

Stein（2000）从信息优势的角度研究发现小银行在为中小企业贷款方面具有软信息优势，大银行偏向于在硬信息的基础上进行交易型贷款。

Strahan 和 Weston（1998）、Petersen 和 Rajan（2002）认为大型银行随着银行信贷产品的多样化，向中小企业贷款规模不经济的效应在一定程度上会呈现弱化，并且随着科学信息技术的进步，银行的规模越大，就越有实力采用先进的信息处理技术获取企业各方面信息。

Berger 和 Udell（1995）发现小银行比大银行更加倾向于中小企业贷款，无论在中小企业贷款占银行总资产的比率还是在中小企业贷款占全部企业贷款的比率上，小银行的指标均高于大银行。

二、与中小银行公司治理与监管相关的研究

周皓等（2020）认为近期发生的银行风险事件表明，中小金融机构公司治理若存在一股独大、监督机制形同虚设、决策机制缺少制衡等缺陷，极易带来一定的系统性风险。不论中小银行的控股股东是民企、国资或外资，多数中小银行都与当地政府联系紧密，两者相互影响。这其中既存在地方政府越位的现象，也存在地方政府缺位的现象。有的地方政府财政部门、国资委或当地国企是城商行等中小银行的大股东，但没有履行股东的职责，风险管控流于形式。有的不占有股份，但仍可以对中小银行人事、业务产生一定的影响。城商行的业务发展依赖于当地政府支持，同时也对当地税收做出一定贡献。需要注意的是，地方政府过多行政干预城商行运营会对其公司治理产生负面影响，并带来一定的风险隐患。

陆岷峰（2020）认为中小商业银行特别是非上市中小商业银行当前面临股权相对分散、股权管理压力较大等实际困难，应完善股权管理制度体系。制度体系是股权管理的必要保障。在符合国家法律法规的大背景下，中小商业银行机构应结合银行股权管理实质建立符合自身发展需求的制度，避免发生执行无依据、制度不适用的问题，关注内部控制等管理制度的建立，加强实质化管理，实现股东股权信息的联网，发挥与股东的协同作用。

刘龙（2019）认为中小商业银行的长期发展离不开股东的参与，尤其是银行资本补充方面。要在引进优质产业资本的同时加强银行的股权监管，防止不良企业进入商业银行，结合股权管理规范，重新梳理和识别关联交易，对股东资质是否合规进行穿透，排查关联关系，穿透审查实际控制人和最终受益人。

凌敢（2018）认为进入新时代银行业公司治理机制面临新形势、新任务，社会基本矛盾的变化以及商业银行改革对银行公司治理体制的有效性要求更高。不少上市银行利用股份制改革的良好契机，

引入了境外战略投资者，在此过程中学习到了国外银行的先进治理经验。商业银行要充分运用资本市场这个平台，牢牢守住公司治理监管底线。

安徽银保监局课题组（2018）从中小商业银行监管实践的视野，试图从商业银行各公司治理利益相关者角度分析中小商业银行公司治理，指出我国中小商业银行公司治理中的不足，认为当前要将集权与分权的关系统一到商业银行的股权管理上来，维护股东合法利益，倡导权利与利益的平衡是各方最为重视的，也是公司治理问题的焦点之一。

刘涛（2011）认为以城商行为代表的中小商业银行是银行业中最为活跃的一类主体，一些银行在发展中暴露出公司治理上的不足。目前，我国大多数中小商业银行的内部组织结构仍然具有浓厚的行政色彩，股权结构的不合理必然会导致公司内部控制结构的缺陷，提出要持续优化股权结构，保持股权相对稳定，要严格审查股东资质。

三、与中小银行风险处置相关的研究

李鑫（2020）指出中小银行风险处置是防范系统性金融风险的重要工作之一。该文比较了美国联邦存款保险公司（FDIC）在 20 世纪 80 年代的储贷危机和 2008~2013 年的次贷危机期间化解处置中小银行风险的实践经验，研究发现 FDIC 在中小银行风险预判、问题金融机构市场化处置及中小银行监管处置权责划分等方面的经验对防范化解我国中小银行风险有重要借鉴作用。

周皓等（2020）认为要防范中小银行的处置风险。流动性分层下，中小金融机构资金成本相对较高，高负债成本在一定程度上会造成其对高收益资产的过度配置。当中央金融监管力度加强、节奏加快时，或对货币政策传导产生影响，加剧流动性分层现象。此时大型商业银行资金融出意愿降低，进而对城商行、农商行和信用社等金融机构带来一定影响，导致流动性风险的产生。定向降准措施虽有助于缓解城商行等金融机构流动性紧张的局面，但并没有从根本上解决其同业业务占比过高的结构性问题。需要注意的是，监管部门对银行表外、同业业务的监管不能“一刀切”，要避免运动式监管给中小金融机构带来较大的冲击，城商行等金融机构一起缩表或调表容易形成系统性风险，不利于金融稳定。

王鹏（2020）认为包商银行被央行和银保监会依法接管，信用分层现象在银行间市场呈现快速发展态势。该文从资本市场信用分层现象的来源出发，研究了信用分层对中小银行的影响，探讨了中小银行的信用风险特征，并从监管部门、中小银行和投资者角度提出了对策建议。

周建刚等（2019）认为在处置问题中小金融机构方面，美国主要由联邦存款保险机构、美联储和财政部作为救助主体，依据“处置成本最小化”和“系统性风险除外”等原则进行处置办法选择。日本积极推动存款保险制度以保障存款人权益，在银行处置上优先选择资金援助以保障银行金融中介功能。我国在处置问题中小金融机构方面还存在着相关法律法规尚未完善、银行内部纾困难、股权问题制约、风险成因多样化等困难。

中国人民银行锡林郭勒盟中心支行课题组（2020）指出，当前防范系统性金融风险被纳入重要议事日程。在当前央地金融监管权边界日渐清晰的情境下，国家采取强监管、严监管应对系统性风险防控，在消除系统性风险隐患的同时，加速了地方金融风险暴露。城商行、农信社等中小银行尤为明显，包商银行被托管、锦州银行被重组属于典型案例。中小银行在地方金融体系中占据重要位置，有效防范化解风险，需要地方政府支持和央地金融分权重构。

第三节　研究创新之处

本书在学术思想、学术观点和研究方法上有所创新和突破。

一、学术思想上的创新之处

一是结合中小银行的特殊性，创造性地提出中小银行监管框架设计遵循“四性”原则，即监管平衡性、监管差异性、监管公平性、监管协调性。

二是从“四性”原则出发，全面分析国际经验教训，并总结归纳发展演进规律。对中小银行监管原则进行归纳提升到理论高度，打破以往研究理论分析平面化的局限。

三是研究视角的创新。首次将中小银行风险防范、金融监管体制、监管权力配置的研究相结合。

二、学术观点上的创新之处

一是中小银行监管体制没有最优的模式，只有最适合的模式，要从实际出发、从国情出发。

二是基本原则，即从理论逻辑和实践路径来看，中小银行监管框架设计遵循“四性”原则，即监管平衡性、监管差异性、监管公平性、监管协调性。

三是中小银行准入与退出应遵循监管平衡性原则。中小银行作为市场主体，无论准入还是退出，都是市场选择的必然结果。

四是中小银行与大银行之间应遵循监管差异性原则。既关系到这两类银行的市场定位问题，也涉及整个金融体系的结构设计问题。如何在避免“一刀切”和避免政策套利之间取得平衡，是监管差异性需要考虑的问题。

五是中小银行与其他金融机构之间应遵循监管公平性原则。需要避免一些存款类金融机构因享有一定的税收等方面的政策优惠，对中小银行产生强大的竞争压力，甚至扭曲金融体系的监管公平性。

六是各监管主体间监管协调性原则。上下级监管机构之间、同级监管机构之间、金融监管部门与地方政府之间的职责分工是否界定清晰，统筹协调是否顺畅，都会影响到中小银行监管的及时性和有效性。

三、研究方法上的创新之处

采取内部实际与外部经验、实证分析与理论研究、学术框架与政策举措相融合的方式，侧重体制分析和政策研究，结合我国现实约束，充分借鉴国际经验，基于“四性”原则，设计适合我国国情的中小银行监管体系本土化模式，并以该模式为核心应用到当前正在进行的金融监管体制改革中。

第二章　中小银行监管的基本理论

第一节　中小银行的概念界定

中小银行的概念是相对于大银行提出的，本身是一个动态的概念，不同时期的衡量标准是不同的（张雪春等，2020）。

第一种分类标准是资产规模。资产规模并没有绝对统一的数量规定，不同的国家和地区在不同的经济发展阶段，对中小银行规模都有不同的界定。最常见的是以净资产或总资产规模进行划分，如以 10 亿美元和 1 亿美元为两个门槛来区分小、中、大型银行。

第二种分类标准是员工人数。这种方法通常来自于对中小企业的划分标准，如美国员工人数 200 名以下、日本和韩国 300 人以下、德国 500 人以下都属于中小的范畴（郑艳丽，2005）。

第三种分类标准是银行类型。这种方法比较常见于一些政府主导型的金融体系国家。中小银行的发展某种意义上是补足大银行的“空白”，或者说是先有大银行，后来针对一些问题，特别是普惠目的或是支持中小企业等目的，逐步发展和扶持中小银行的发展。如日本的区域银行、我国的各类银行机构。

第四种分类标准是混合型。这种方法特点是在前述三种标准的基础上，加入一些监管判断。如美国 FDIC 对于社区银行的定义，即参考规模指标的同时，兼顾银行的商业行为。

无论采用何种分类标准，各国中小银行仍存在普遍的共性特征：

一是规模相对较小。无论是资产负债还是收入利润，中小银行与大银行特别是系统重要性银行相比，是不可同日而语的。

二是地域特征较强。相比于大银行在全国甚至全球的布局，中小银行经营范围更为聚焦，为某个地区或某个社区，以该区域的中小企业和居民为主要服务对象。换言之，中小银行的地域性是差异化经营的目的而非结果。

三是业务相对集中。受制于自身规模、人力资源、资金约束等，中小银行一般选择特定业务领域为特定群体服务，随着发展过程和经营目标不同，可能会出现一定的阶段性特征。

一、美国关于中小银行的定义

美国对于中小银行并没有统一概念，中小银行也不完全等同于非系统重要性银行。目前各方达成共识的是，社区银行是美国中小银行的代表。直观上，社区银行是指一家相对较小的独立银行，通常专注于向当地社区提供基本的银行业务。然而，如何定义小型的、基本的银行活动，甚至“当地社区”也难以衡量。这些都导致美国各方甚至是监管机构对社区银行的定义，没有达成统一。

美国独立社区银行家协会网站上对社区银行的定义是在一定的社区范围内为中小企业和个人客户提供个性金融服务并保持长期业务合作关系的小银行，规模一般在一千万到数十亿美元。

美国三大联邦银行监管机构——货币监理署（OCC）、联邦存款保险公司、联邦储备委员会都使用不同的定义。

FDIC 在 2012 年改变了其定义①，将总资产贷款考虑在内，不包括专业贷款机构，使用地理范围作为银行参与代理贷款的评估标准，并

① Federal Deposit Insurance Corporation（FDIC）[R]. FDIC Community Banking Study, December, 2012：1-2.

纳入了其他一些非资产标准。2011 年，联邦存款保险公司完成了一项彻底的社区银行研究，使用这种方法，美国 94%的银行组织都是社区银行。

FDIC（2012）对社区银行的界定是："社区银行是指那些主要在有限区域内从事存贷款业务的小银行，它们在对客户比较了解的基础上，与之建立较紧密的关系，从而获取特定的信息。"从定量判断标准来说，社区银行资产规模通常不高于 10 亿美元，对于超过这一标准的银行，如果其满足贷款在总资产中的占比大于 33%、核心存款在总负债中的占比大于 50%、营业网点超过 1 个但小于 75 个等，也可将其划分为社区银行。总结以上所有定义，一般将资产规模在 10 亿美元以下的中小型金融机构划入社区银行范畴。其特征一般为：资产规模小，在一定区域内经营；经营对象主要是位于机构所在区域内的居民家庭、小企业和个体经营者；为经营对象提供有针对性的服务。

FDIC 认为纯粹基于规模定义社区银行并不足够，因为它必须把诸如通货膨胀、经济增长和银行业规模变迁等因素考虑在内后，随着时间的推移而进行调整，而且规模大小也不能完全决定其商业行为取向。为此，FDIC 在认定社区银行时的标准并非局限于有关银行的规模，更看重这些银行的商业行为。这一点，可从表 2-1 所列的"FDIC 认定社区银行的标准概要"得以印证。

表 2-1 FDIC 认定社区银行的标准概要

被 FDIC 认定包括在社区银行范畴以内的情形	被 FDIC 认定排除在社区银行范畴以外的情形
所有银行组织机构符合： 1. 总资产少于预设资产规模上限（1985 年前为 2.5 亿美元，2010 年后为 10 亿美元） 2. 总资产大于等于预设规模上限 • 贷款占总资产比大于 33% • 核心存款占总资产比大于 50%	1. 没有贷款或核心存款 2. 外国资产超过或等于总资产的 10% 3. 超过 50% 的资产在特定的专业银行，包括： • 信用卡专业机构

续表

被 FDIC 认定包括在社区银行范畴以内的情形	被 FDIC 认定排除在社区银行范畴以外的情形
•多于一个网点但不超过预设网点数量（1985 年前为 40 个，2010 年后为 75 个） •都市统计区域（Metropolitan Statistical Area，简称 MSA）网点少于等于 2 个 •在少于等于 3 个州设有网点 •没有单一网点存款多于预设的最高分行存款规模（分行存款规模上限：1985 年前为 12.5 亿美元，2010 年后为 50 亿美元）	任何符合以下情况的机构： •消费者非银行的银行（Consumer Nonbank Bank）（消费者非银行的银行是指可以发放贷款或吸收存款的，但不能同时从事发放贷款和吸收存款的获有限制注册许可的金融机构） •工业贷款公司（Industrial Loan Companies） • 信托公司 •银行家的银行（Bankers' Banks）

资料来源：Federd Deposit Insurance Corporation，FDIC Community Banking Study ［EB/OL］.［2020-04-28］. https：//www. fdic. gov/regulations/resources/cbi/report/cbi-full. pdf.

为了便于分析，如无特殊说明，本书下文对于美国社区银行采用 FDIC 的定义方法。

如图 2-1 所示，从 2013 年起，社区银行数量逐年下降，从 2013 年的 6307 家下降到 2019 年的 4750 家。从数量上看，截至 2019 年末，联邦存款保险公司承保的社区银行数量减少了 77 家，至 4750 家。共有 72 家企业合并，4 家自愿关闭，3 家倒闭。2019 年第四季度新开了两家社区银行。社区银行数量减少 230 家；4 家银行倒闭，12 家新机构开业。

二、日本关于中小银行的定义

无论是日本央行还是日本存款保险机构的统计口径，日本中小银行是相对于主要银行或是都市银行[①]而言的。日本中小银行主要是由

① 日本都市银行共五家。总部在东京与大阪，为全日本大部分地区提供银行服务的大型商业银行。

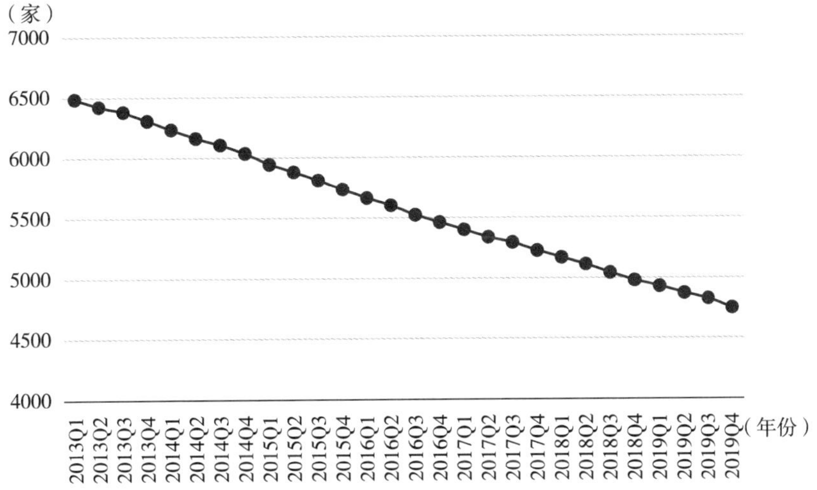

图 2-1 2013~2019 年美国社区银行数量变化

资料来源：作者根据 FDIC 网站资料整理。

64 家地方银行[①]（日本一般社团法人全国地方银行协会成员银行）和 38 家第二地方银行[②]（日本一般社团法人第二地方银行协会成员银行）组成。一般统称为区域银行，共计 102 家。这些银行主要以地区中心为总部，网点集中为当地区域内的企业融资服务。主要从事本币业务，较少涉足国际业务。

如图 2-2 所示，从 1971 年以来，地方银行数量变化并不大，1972~1983 年稳定为 63 家，1984 年至今始终保持 64 家。相比之下，第二地方银行数量下降较快，从 20 世纪 90 年代初期的 68 家左右迅速下降至 2009 年的 42 家，随后又逐渐下降至 2019 年的 38 家。受此影响，日本中小银行数量也由 20 世纪 70 年代的 135 家左右下降至 2019 年的

① 日本地方银行的总部设在各都、道、府、县内的中心城市，大部分规模较小，为本地区提供金融服务。

② 日本第二地方银行前身为相互银行，业务限定主要为中小企业服务。1989 年 2 月开始，将相互银行转变为普通银行。实际上，相互银行是由历史悠久的相互合作信用组织无尽会社转化来的。实行会员制，会员按期存款，贷款是用抽签的方式轮流借款，会员主要是中小企业。1951 年 6 月出台的《相互银行法》以立法的形式，将无尽会社升级为相互银行，成为了专门为中小企业提供融资的金融机构。

102家。

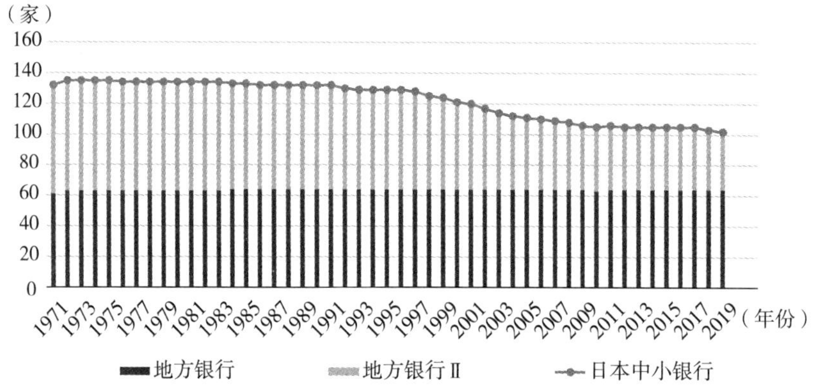

图 2-2　1971~2019 年日本中小银行数量变化

资料来源：作者根据日本央行网站资料整理。

三、我国关于中小银行的定义

我国关于中小银行的概念也并没有统一口径，大致分为两种定义：一种是指除大型商业银行以外的其他银行业金融机构。这一定义在中小银行发展早期使用得较多；另一种是指除大型商业银行和股份制商业银行以外的其他银行业金融机构，主要包括城市商业银行、农商行、农村合作银行、农村信用合作社、村镇银行、民营银行等。这一定义在目前得到较为广泛的认可（张雪春等，2020）。

数量上如图 2-3 所示，2008~2017 年①，我国中小银行法人机构数量从最高峰 2008 年的 5634 家下降到最低点 2012 年的 3747 家，再逐步回升至 2017 年的 4532 家。我国中小银行法人机构数量占银行业金融机构的比例从最高峰 2008 年的 94.4%下降到 2009 年 90.1%再上升至 2010 年的 93.8%，随后逐年下降到 2017 年的 89.9%。从各类型中小银行法人机构数量占比变化来看，如表 2-2

① 由于数据可得性，最新公开数据为 2017 年。

所示，城市商业银行、民营银行、外资金融机构变化不大，主要变化在于农村金融机构，即随着农村信用社改革的深化，农村商业银行和新型农村金融机构和邮政储蓄银行的占比逐步上升。

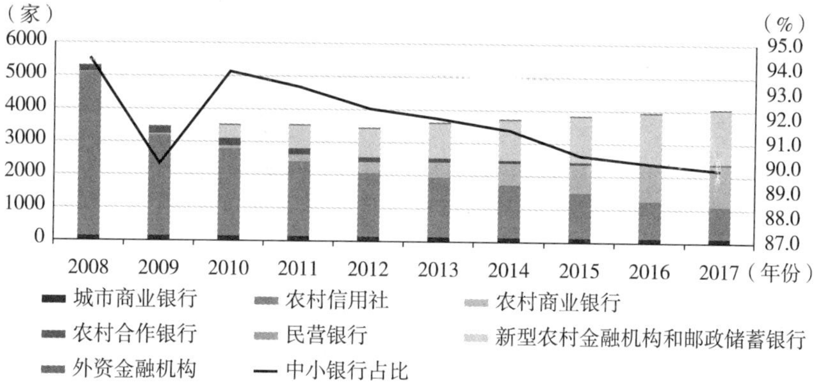

图 2-3　我国中小银行法人机构数量及占比情况

资料来源：作者根据原银监会网站资料整理。

表 2-2　我国各类中小银行法人机构数量占比变化情况　单位：%

类型 年份	城市商业银行	农村信用社	农村商业银行	农村合作银行	民营银行	新型农村金融机构和邮政储蓄银行	外资金融机构
2008	2.6	93.4	0.4	3.1	0.0	0.0	0.6
2009	4.1	87.9	1.2	5.6	0.0	0.0	1.1
2010	4.2	74.8	2.4	6.3	0.0	11.2	1.1
2011	4.1	63.9	6.0	5.4	0.0	19.5	1.1
2012	4.2	55.7	9.7	4.2	0.0	25.0	1.2
2013	4.0	49.6	12.9	3.4	0.0	29.0	1.2
2014	3.6	42.7	17.8	2.4	0.0	32.5	1.1
2015	3.4	35.6	22.3	1.8	0.1	35.7	1.0
2016	3.4	28.4	28.1	1.0	0.2	38.0	1.0
2017	3.3	23.7	31.0	0.8	0.4	39.9	1.0

资料来源：作者计算所得。

从业人数上，如图 2-4 所示，2008~2017 年，我国中小银行从业人数从 2008 年的 864795 人逐年上升至 2017 年的 1839319 人，增长了 1.13 倍。我国中小银行从业人数占银行业金融机构的比例从 2008 年的 31.8%逐年上升至 2017 年的 44.1%。从各类型中小银行从业人数占比变化来看，如表 2-3 所示，城市商业银行占比上升至 22.8%，这与其网点扩大不无关系。农村信用社占比减少、农村商业银行和新型农村金融机构和邮政储蓄银行占比上升也与农村信用社改革深化有关。民营银行、外资金融机构变化不大。

表 2-3 我国各类中小银行从业人数占比变化情况 单位：%

类型 年份	城市商业银行	农村信用社	农村商业银行	农村合作银行	民营银行	外资金融机构	新型农村金融机构和邮政储蓄银行
2008	17.5	67.5	4.5	7.4	0.0	3.2	0.0
2009	19.3	61.9	7.2	8.1	0.0	3.5	0.0
2010	18.4	49.0	8.6	7.2	0.0	3.2	13.6
2011	18.6	44.4	12.9	5.8	0.0	3.5	14.8
2012	20.2	39.2	17.1	4.3	0.0	3.5	15.6
2013	20.4	34.8	20.9	3.6	0.0	3.3	17.0
2014	23.6	28.8	25.4	2.2	0.0	3.2	16.7
2015	24.2	24.1	30.3	1.7	0.1	3.1	16.5
2016	22.2	16.5	30.9	0.8	0.1	2.5	27.0
2017	22.8	13.9	32.8	0.6	0.3	2.5	27.1

资料来源：作者计算所得。

总资产上，如图 2-5 所示，2008~2017 年，我国中小银行总资产从 2008 年的 148368 亿元逐年上升至 2017 年的 767877 亿元，增长了 4.18 倍。我国中小银行总资产占银行业金融机构的比例从 2008 年的 23.5%上升到 2017 年的 30.4%。从各类型中小银行总资产占比变化来看，如表 2-4 所示，城市商业银行和农村商业银行占比呈上升趋势，

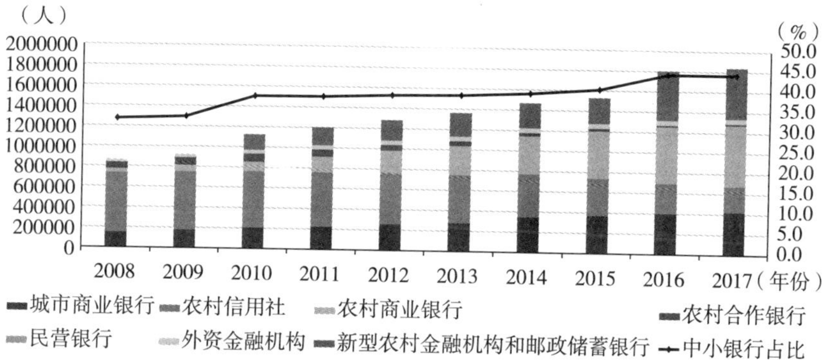

图 2-4　我国中小银行从业人数及占比情况

资料来源：作者根据原银监会网站资料整理。

分别从 2008 年的 27.8%和 6.3%逐年上升至 2017 年的 41.3%和 30.9%，农村信用社和农村合作银行占比分别从 2008 年的 35.1%和 6.8%下降至 2017 年的 9.6%和 0.5%，外资银行占比略有下降，从 2008 年的 9.1%下降至 2017 年的 4.2%，新型农村金融机构和邮政储蓄银行占比变化不大。

表 2-4　我国各类中小银行总资产占比变化情况　　单位：%

年份＼类型	城市商业银行	农村合作银行	农村商业银行	农村信用社	外资银行	新型农村金融机构和邮政储蓄银行
2008	27.8	6.8	6.3	35.1	9.1	14.9
2009	30.9	7.0	10.2	29.9	7.3	14.7
2010	33.0	6.3	11.6	26.9	7.3	14.8
2011	34.0	4.8	14.5	24.5	7.3	14.8
2012	34.7	3.6	17.6	22.3	6.7	15.0
2013	35.9	2.9	20.1	20.3	6.1	14.7
2014	36.7	1.9	23.4	17.9	5.7	14.4
2015	38.9	1.3	26.1	14.8	4.6	14.2

续表

类型 年份	城市商业银行	农村合作银行	农村商业银行	农村信用社	外资银行	新型农村金融机构和邮政储蓄银行
2016	40.7	0.6	29.2	11.5	4.2	13.7
2017	41.3	0.5	30.9	9.6	4.2	13.5

资料来源：作者计算所得。

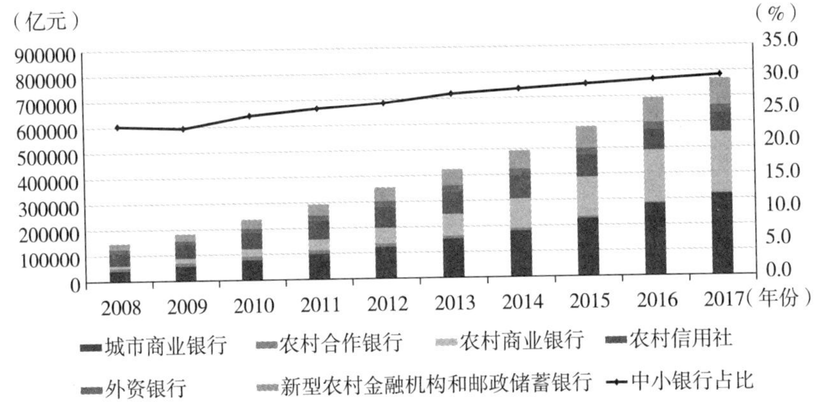

图 2-5　我国中小银行总资产及占比情况

资料来源：作者根据原银监会网站资料整理。

总负债与总资产趋势大体相同。如图 2-6 所示，2008~2017 年，我国中小银行总负债从 2008 年的 140651 亿元上升至 2017 年的 713603 亿元，增长了 4.07 倍。我国中小银行总负债占银行业金融机构的比例从 2008 年的 23.7%上升到 2017 年的 30.6%。从各类型中小银行总负债占比变化来看，如表 2-5 所示，城市商业银行和农村商业银行占比呈上升趋势，分别从 2008 年的 27.5%和 6.2%上升至 2017 年的 41.4%和 30.7%，农村信用社和农村合作银行占比分别从 2008 年的 35.5%和 6.7%下降至 2017 年的 9.7%和 0.5%，外资银行占比略有下降，从 2008 年的 8.6%下降至 2017 年的 4.0%，新型农村金融机构和邮政储蓄银行占比变化不大，从 2008 年的 15.6%小幅下降至 2017

年的13.7%。

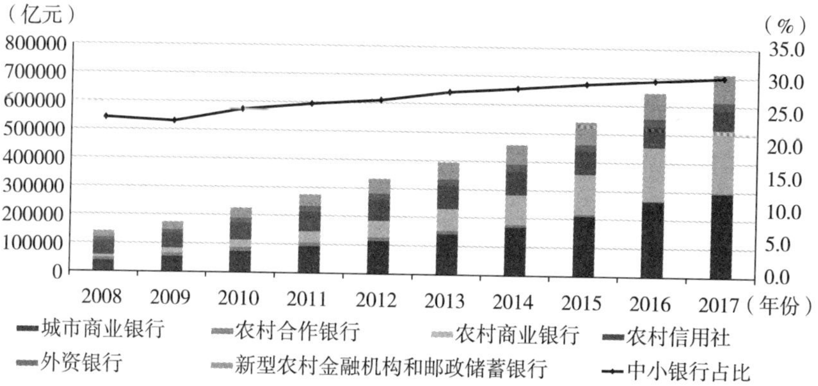

图 2-6　我国中小银行总负债及占比情况

资料来源：作者根据原银监会网站资料整理。

表 2-5　我国各类中小银行总负债占比变化情况　单位：%

类型 / 年份	城市商业银行	农村合作银行	农村商业银行	农村信用社	外资银行	新型农村金融机构和邮政储蓄银行
2008	27.5	6.7	6.2	35.5	8.6	15.6
2009	30.6	6.9	10.1	30.3	6.8	15.4
2010	32.9	6.2	11.4	27.3	6.9	15.3
2011	33.8	4.7	14.2	24.9	7.0	15.3
2012	34.6	3.5	17.3	22.6	6.4	15.5
2013	35.8	2.8	19.8	20.6	5.8	15.1
2014	36.7	1.9	23.1	18.1	5.4	14.8
2015	39.0	1.3	25.9	15.0	4.3	14.6
2016	40.9	0.6	29.0	11.6	4.0	13.9
2017	41.4	0.5	30.7	9.7	4.0	13.7

资料来源：作者计算所得。

税后利润同样呈现增长趋势。如图 2-7 所示，2008~2017 年，我国中小银行税后利润从 2008 年的 929.5 亿元逐年上升至 2017 年的 5699.1 亿元，增长了 5.13 倍。从同比增速看，2009~2014 年为快速增长期，其中 2010 年和 2011 年同比增速甚至高达 50.1%和 64.7%，2015 年仅为 0.5%，2016 年和 2017 年增长有所恢复，分别为 7.7%和 9.2%。我国中小银行税后利润占银行业金融机构的比例从 2008 年的 15.9%上升到 2017 年的 25.9%。从各类型中小银行税后利润占比变化来看，如表 2-6 所示，城市商业银行占比变化不大，农村信用社和农村合作银行占比分别从 2008 年的 23.6%和 11.1%下降至 2017 年的 8.6%和 0.4%，外资银行占比下降较快，从 2008 年的 12.8%下降至 2017 年的 2.6%，农村商业银行占比上升较快，从 2008 年的 7.9%逐年上升至 2017 年的 34.6%，新型农村金融机构和邮政储蓄银行占比从 2008 年的 0.7%上升至 2017 年的 10.4%。

表 2-6　我国各类中小银行税后利润占比变化情况　　单位：%

年份＼类型	城市商业银行	农村合作银行	农村商业银行	农村信用社	外资银行	新型农村金融机构和邮政储蓄银行
2008	43.9	11.1	7.9	23.6	12.8	0.7
2009	44.9	12.2	13.5	20.6	5.8	2.9
2010	46.4	10.8	16.9	14.0	4.7	7.2
2011	39.6	6.7	18.8	19.4	6.1	9.4
2012	39.3	4.9	22.5	18.8	4.7	9.8
2013	39.7	3.9	25.9	17.6	3.4	9.4
2014	38.6	2.6	28.7	17.2	4.1	8.9
2015	41.1	1.7	30.7	13.7	3.2	9.6
2016	43.0	0.7	34.2	9.9	2.5	9.7
2017	43.4	0.4	34.6	8.6	2.6	10.4

资料来源：作者计算所得。

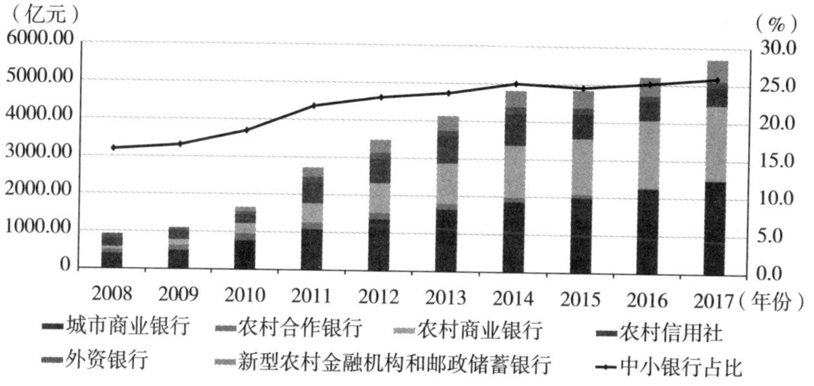

图 2-7 我国中小银行税后利润及占比情况

资料来源：作者根据原银监会网站资料整理。

第二节 中小银行的监管理论

概览国内外前期相关研究主要包括系统论、信息不对称理论、协同论、博弈论、成本效益论、制度经济学理论、公共利益论等，对定义、性质、根源等方面进行了分析，提出了不尽相同的理论解释。

系统论强调系统的整体观，认为任何系统都是一个有机的整体，不是各部分的机械组合或简单相加，系统的整体功能是各要素在孤立状态下所没有的性质，概而言之就是“整体大于部分之和”。部分学者运用系统论思想，将所有单个金融监管机构视为金融监管系统中一个个并联的子系统，协调合作就是串联关系，金融监管重在“整体利益大于局部利益之和”。

信息不对称理论认为市场失灵的主要原因是信息不对称，由此产生的政府干预活动之一就是金融监管。但是金融监管本身又会产生新的问题，即更多的信息不对称，监管效率也会降低[①]。因此，降低信息不对称是金融监管体系设计的核心问题。

协同论认为，系统从无序走向有序的关键在于系统内部各子系统间相互关联的“协同作用”，而协调度正是这种协同作用的量度。协调是系统各个组成要素在发展过程中相互之间的和谐一致，这种和谐一致的程度称为协调度[②]。任何金融监管体系都需要考虑系统各个组成要素的协调度问题。

博弈论认为作为有限理性经济人，博弈各方会争取自身利益最大化。在金融监管体系中，特别是分业、多头或国际监管合作模式下，各监管主体的监管目标不同，监管过程中的策略选择也存在差异。尤其是在面对同一个监管对象时，各监管主体相互之间也存在博弈策略选择，共同实施监管时可能会出现监管重叠和监管冲突（李成等，2009；肖畅，2015）。从权力配置上看，通过外力作用，引入监管协同的制度安排[③]。

成本效益论从监管源头论证权力配置存在的基础，认为金融监管的目标包括降低监管成本和提高监管效率，因此合理衡量效益和成本之间的关系，成为金融监管协调存在的关键。金融监管的成本指的是耗费的资源总和，既包括直接的资源损耗，也包括间接的资源损失。金融监管的效益指的是给单个机构到整个金融体系乃至经济社会带来的效益的提升。但在监管实践中，金融监管的成本和效益难以精确

---

① 由于信息收集、识别和处理等高成本且被监管对象因自身利益隐瞒不利信息，单一金融监管部门不可能掌握被监管对象的所有真实信息。信息不对称程度与金融监管效率是负相关的，信息越不对称，金融监管效率会越差。建立金融监管机构之间的协调机制，降低信息获取成本，从而提高金融监管效率（苗文龙，2016）。

② 运用协同学研究框架（罗嘉等，2009），可分为三个层次：金融监管主体在依法实施监管活动时应采取多种形式和层次的协同配合，在宏观上产生功能机构，促使金融系统发展成能产生有序结构的协同系统；在金融监管系统中，对系统变化起主要作用的序参量促使金融监管系统向着有序状态发展；通过金融监管系统各子系统之间的协同管理、协调配合来防范整个金融监管的系统性风险，研究出其内在规律和发展方向，促进金融系统的安全、合理及高效发展。

③ 比如，成立金融监管协调委员会之类的常设机构，具体负责制定统一的报表格式和标准，讨论与金融稳定和金融监管有关的重大问题，协调监管机构的政策与业务，消除信息不对称障碍，有效处理紧急和难点金融事务（刘相友等，2010）。同时，法律的强制力可约束各监管主体采取积极的合作策略，形成良性互动，从而降低合作成本，增加合作收益，提高金融监管协调的效率（潘林伟等，2013）。

量化。

制度经济学[①]认为制度带来的报酬递增决定了制度变迁方向，且通常具有其相应的变迁路径。制度经济学理论认为通过信息交流、业务协调、政策协调等方式，权力配置能够以最小的监管成本取得最大的监管效率。然而金融监管作为一种金融制度，自然也有其独特的路径依赖性。

公共利益论[②]从积极和消极两个方面来看待金融监管问题：积极方面包括金融市场的稳定效应、投资效率效应以及收入效应；消极方面包括替代效应、非公平效应等。

上述这些理论从不同的角度对金融监管进行了阐释，但大多拘泥于表象论述，并没有真正触及金融监管的本质。尤其是无法解释中小银行监管的演变路径和推动力量，对金融监管未来发展方向和应采取策略等关键性问题关注不足。

---

① 制度经济学否定了经济学分析“无摩擦”的新古典环境，创立了经济学研究的“新制度”环境。即当一种制度协调时，就能发挥积极的作用；当这种制度不协调时，就会起阻碍的作用。

② 公共利益论认为现代经济社会并不存在纯粹的市场经济，自由竞争的市场机制不能带来资源的最优配置，甚至造成资源的浪费和社会福利的损失。政府的管制主要是对市场过程不适合或低效率的一种反应。对金融市场和机构的管制主要目的是维护金融部门的安全与资源的合理配置，以此为基础增强整个经济的配置效率。

第三章　中小银行监管的国际经验

第一节　美国中小银行监管逻辑和现实路径

一、美国中小银行监管的历史演变

（一）自由发展期

这一时期为1837~1929年，主要特点是美国中小银行特别是社区银行自由发展。

美国经历了南北战争大统一和西进运动，为社区银行蓬勃发展提供了宏观环境。与此同时，美国处于大萧条前传统自由市场经济盛行时期，对经济活动几乎不干预。1837年，美国颁布《自由银行法》（*Free Banking Laws*），任何个人或集团只要有10万美元资本金，就可取得银行许可证。但实际上，一些州如密歇根州并没有严格执行最低资本金的规定，导致银行迅速扩大到1862年的1492家，其中大多数是社区银行。

监管体系上，美国处于逐步形成联邦与州双重体系的时期。1863年，美国联邦政府颁布《国民银行法》（*National Banking Act*），该法案在形成美国独具特色的联邦与州双重注册体系的同时，规定银行最低资本额为5万美元；规定5人以上的创办者，能履行法律规定义务的，可以颁发银行执照并注册；不得跨州设立分支机构，经营范围仅限于州内或州内的某一区域，服务对象也限于社区范围之内。1900年，再次修订法案，将银行注册资本从5万美元调整为2.5万美元。1927年，《麦克弗法登法》进一步限制了银行的跨地域经营。这些法规为以社区为经营范围的社区银行发展提供了空间。

由于外部缺乏监管和内部缺乏约束，这一时期社区银行属于野蛮式生长阶段。以纽约州为例，《自由银行法》后的两年内，120家社区银行相继成立，但因缺乏监管，大批银行在设立的一两年内迅速破产。截至20世纪30年代，美国社区银行总数已增加到3万家左右。

（二）严格管制期

这一时期为1930~1980年，主要特点是美国中小银行从前期自由式无序发展转向逐步严格管制下的有序发展。

美国经历了大萧条后，经济金融秩序陷入极度混乱，近万家银行倒闭，仅1930~1933年就有5100家倒闭。1933年，美国国会通过了《格拉斯-斯蒂格尔法》（*Glass-Steagall Act*），就此进入严格管制时期。

监管体制上，美国经历了混业向分业的转变，市场结构和监管结构也向严格分业限制转型。市场结构方面，商业银行、投资银行、保险公司、经纪人公司等完全分开经营。监管结构方面，监管机构也是各管各的领地，FDIC等监管机构也是在此期间成立并影响至今。

在“分业经营、分业监管”格局下，美国中小银行实际上享受着来自地域①、产品②、价格③等方面限制所带来的制度红利，进入了发展的黄金时期。截至1980年末，在美商业银行14434家，中小银行④14078家，数量占比为97.5%，资产占比为33.4%。

---

① 此期间仍然遵守1927年《麦克弗法登法》的地域限制规定。

② 至少是部分业务。

③ 除了10万美元以上可转让定期存单外，Q条款给所有的存款强加了利率上限，禁止从事利率竞争。

④ 此处指资产规模低于10亿美元。

（三）放松监管期

这一时期为 1980~2010 年，主要特点是美国中小银行从逐步严格管制下有序发展转向放松监管下无序竞争再到竞争式出清。

宏观上，受当时国内外环境影响，美国通货膨胀及国债利率都受到了很大的干扰。进入 20 世纪 80 年代后，美国利率曲线倒挂现象显著，十年期国债利率由 1970 年的 6%~8%上升至 1981 年的 15%左右，而 1981 年隔夜利率提升至 20%。长时间利率曲线倒挂、因 Q 条例等限制带来的金融脱媒以及德日银行业的兴起，这些给美国银行业，尤其是储蓄机构带来了巨大冲击。与此同时，1981~1986 年，美国推进一系列税收改革，商业房地产受到优惠政策影响，继而导致 20 世纪 80 年代初写字楼及其他商业地产投资急剧增长。然而，1986 年，商业地产贷款的优惠政策取消，造成了前期大规模投资空置，如德克萨斯州写字楼空置率甚至达 20%~30%，继而美国银行业形成了大量的不良资产。

中观上，美国经历了从分业向混业的转变，市场结构和监管结构也从严格管制向放松监管转型。1980 年，美国国会通过《存款机构放松管制与货币管理法》（*Depository Institutions Deregulation and Monetary Control Act of* 1980），规定在此后 6 年，逐步提高 Q 条例的利率上限，并于 1986 年 3 月 31 日前，取消所有限制。1982 年，《甘恩-圣哲曼储蓄机构法》（*Garn-St. Germain Depository Institutions Act*）出台，进一步解除限制[①]，扩大了美国联邦特许储贷机构多样化经营的范围和权利。1994 年，《里格-尼尔州际银行与分支机构效率法》（*The Riegle-Neal Interstate Banking and Branching Efficiency Act*）出台，彻底取消了《麦克弗法登法》的地域限制，银行可以跨州、跨区域设立分支机构。1999 年，《格拉斯-斯蒂格尔法》被废除，《金融服务现代化法》（*Financial Services Modernization Act*）出台，允许银行、证券和保险之间联合经

① 包括消除存款利率上限；消除先前对贷款价值比率（*loan-to-valueratio*）的法定限制；扩充了美国联邦储贷机构可投资的资产类型，允许其在商业按揭方面的投资比重最高可达总资产的 40%，消费者贷款最高达 30%以及商业租赁最高达 10%。

营，美国银行业再次回归混业经营模式。这些法案的出台，不仅从监管结构角度对美国以往分业格局进行了调整，更是给美国市场结构带来了长远影响，大银行在资本、技术、人才、网络等方面的优势日益扩大，渐成“大而不倒”之势，银行体系的集中度大幅上升，中小银行面临空前严峻的生存压力。

微观上，上述宏观环境和中观政策调整，都无形间打破了长期以来社区银行享有价格、产品、地域上的政策红利，社区银行不仅面临来自银行同业的竞争，而且面临投资银行等非银行机构的冲击，利润空间被大大压缩，甚至大量经营不善的社区银行要么倒闭要么被并购，这些都导致这一时期社区银行的数目大大缩水。从 20 世纪 80 年代末到 2001 年，美国中小银行[①]数量从 14078 家锐减到 7631 家，资产占比也从 33.4%降至 16.0%。在这种情况下，甚至出现一种声音，社区银行会被彻底消灭。但事实证明，经历了此轮市场出清之后，社区银行再次转型调整，逐步走向稳健经营之路，在金融危机期间虽损失惨重，但也存活下来。FDIC（2010）调查显示，社区银行从 1985~2010 年，其存活比是 36%，远高于其他非社区银行，说明社区银行具有强大的生命力。

（四）严格监管期

这一时期为 2010~2017 年，主要特点是美国中小银行从竞争式出清转向严格监管下收缩再到适度监管下的竞争式有序。

美国在经历了 2008 年次贷危机和全球金融危机后，于 2010 年 7 月 21 日出台了《多德-弗兰克华尔街改革与消费者保护法》（*Dodd-Frank Wall Street Reform and Consumer Protection Act*）（简称《多德-弗兰克法》）。该法案的实施，有效提升美国银行业特别是大银行的稳健性，银行的资本金远远高于十年前。《多德-弗兰克法》过于“一刀切”（Onc-Size-Fits-All）的监管模式造成了意想不到的后果，使大银行变大，小银行变少，剥夺了美国人民获得金融服务和产品的机会。

① 资产规模 10 亿美元以下。

鉴于此，2018 年 5 月，美国颁布《经济增长、放松监管和消费者保护法》（*Economic Growth, Regulatory Relief and Consumer Protection Act*），放松对中小型银行的监管。

针对市场结构中集中度上升的问题，美国监管结构始终保持积极调整的态势。为了提高监管的针对性，减轻社区银行的监管负担，各监管机构尝试通过设置与大银行相区别的监管方式与程序来监管社区银行。OCC 设置了助理检察官专门负责社区银行的监管，并制定了针对社区银行的监管手册（Co-mptroller Handbook for Community Bankin-g）。FDIC 则设立针对大银行的风险监管委员会，将剩余的监管力量投入到社区银行的监管，并且对监管社区银行的人员进行专门培训。美国联邦储备系统（以下简称美联储）于 2011 年建立了区域与社区委员会（Smaller Regional and Community Banking Subcommittee），专门负责社区银行监管。2015 年，美联储发布了《小型银行控股公司信息规则》（*Small Bank Holding Company Statement*）的最终稿，允许小型银行控股公司暂时在较高债务水平开展经营活动。一般来说，美联储不提倡银行控股公司采用负债的办法来开展收购活动，但考虑到小型银行机构开展收购活动面临资金压力，因此对相应规则进行了调整。同时，美联储明确提出，社区银行可从《以风险为基础及杠杆资本指引》（*Risk Based and Leverage Capital Guidelines*）获得豁免并免除相关报备要求。在“综合资本分析与评估”（Comprehensive Capital Analysis and Review）中的资本压力测试以及相关内容均不适用于社区银行，仅适用于大型银行机构。

（五）适度监管期

这一时期为 2018 年至今，主要特点是美国中小银行从严格监管下收缩再到适度监管下的竞争式有序。

2018 年 5 月《经济增长、放松监管和消费者保护法》颁布后，资产规模低于 2500 亿美元的银行将不适用严格的监管规定，不必参加美联储每年组织的压力测试，也不用提交有关破产后如何清算的“生前遗嘱”等。同时，该法案将社区银行规模的认定标准提高到

100 亿美元以下。对于符合相关标准的社区银行，简化其监管框架，适用一般性的杠杆率和风险资本监管要求；对交易性资产及负债小于资产总额 5%的社区银行，豁免执行沃克尔规则；对于资产规模低于 50 亿美元的小型社区银行，简化其财务报告披露内容的要求。对于年发放住房抵押贷款少于 500 笔的银行，免除其向监管机构报告借款人信息要求，除非这些银行在贷款歧视测试中表现欠佳；放松资产规模低于 100 亿美元的银行在审核借款人住房抵押贷款偿付能力时的监管要求，同时如果此类银行年贷款笔数低于 1000 笔且贷款对象为农村或经济欠发达地区，还将免除任房抵押贷款强制性托管的要求。

二、美国中小银行监管的组织架构

在美国金融监管现有框架中，可分为以下几类监管机构：

第一类，专注于促进安全和稳健的审慎银行监管机构，包括美联储、联邦存款保险公司、货币监理署和全国银行业联合会。

第二类，专注于金融市场的监管机构，包括证交会和商品期货交易委员会。

第三类，专注于住房金融的监管机构，即联邦住房金融管理局。

第四类，专注于消费者金融保护（CFPB）。

第五类，自律组织有助于监管金融部门的某些部门，包括金融业监管局（FINRA）、市证券规则制定委员会（MSRB）和国家期货协会（NFA）。

第六类，保险主要是在州一级监管的。

第一类联邦银行监管机构如下：

（1）联邦储备系统（美联储）理事会。美联储在金融体系中扮演着中心角色，通过联邦公开市场委员会监督货币政策，并通过美联储银行运行支付、清算和结算系统的关键组成部分。它还监管银行控股公司、储蓄和贷款控股公司、国家特许成员银行以及由金融稳定委员会指定的联邦储备监管的非银行金融公司。美联储的使命还包括维持金融体系的稳定。

虽然美联储在合并的基础上对所有银行控股公司进行监管和监督，但在与某一银行控股公司子公司相关的事项上，美联储一般会服从该子公司的职能监管机构。联邦储备委员会的监管通常由联邦储备银行在授权下进行，尽管联邦储备委员会也在其大型机构监管协调委员会（LISCC）框架内直接监管公司。

《多德-弗兰克法》要求美联储为大型美国银行控股公司、外国银行机构在美国的某些业务以及金融稳定委员会指定的非银行金融公司制定强化的审慎标准。美联储是负责执行沃尔克规则、合格住房抵押贷款规则和其他机构规则的五个机构之一。它还管理银行控股公司的压力测试，并与联邦存款保险公司一起，审查大型银行控股公司和金融稳定委员会指定的非银行金融公司的生存意愿。

（2）联邦存款保险公司。联邦存款保险公司通过确保存款、检查和监督金融机构的安全、保护消费者权益、努力使大型和复杂的金融机构能够解决问题以及充当破产银行的接受者，努力维持国家金融体系的稳定和公众信心。联邦存款保险公司是非联邦储备系统成员的州特许银行的主要联邦监管机构，并有权在非主要监管机构的受保存款机构进行监督和检查。联邦存款保险公司被指定为所有被保险存款机构破产的接管人。

《多德-弗兰克法》授权该机构发布规则，其中包括沃尔克规则、“生前遗嘱”和第二编有序清算权的实施，并与其他金融监管机构就资本、流动性和压力测试开展合作。

（3）货币监理署。货币监理署对所有国家银行和联邦储蓄协会以及外国银行的联邦分行和机构进行特许、监管和监督。该机构受《多德-弗兰克法》授权，与其他金融监管机构合作，制定有关资产支持证券化、资本、流动性、压力测试、沃尔克规则和高管激励薪酬的信贷风险保留规则。《多德-弗兰克法》第三章废除了储蓄监管办公室，并将联邦特许储蓄协会的监管移交给货币监理署。

（4）国家信用社管理局（NCUA）。全国信用社协会通过规范和监督信用社制度来促进全国信用社安全和健全，该制度为国家合作信贷制度提供了信心，并保护消费者权利和会员存款。NCUA 特许、管理和监督联邦信用合作社。NCUA 还管理全国信用合作社股份保险基金，该基金为所有联邦和大多数州特许信用合作社的存款账户提供存款保险。根据《多德-弗兰克法》，NCUA 是负责制定新的基于高管激励的薪酬规则的几个监管者之一。NCUA 还对资产超过 100 亿美元的信用社实施了压力测试规则。

第二类市场监管机构如下：

（1）商品期货交易委员会（CFTC）。商品期货交易委员会成立于 1974 年，是一个独立的联邦监管机构，对商品期货和期货期权市场拥有专属管辖权。《商品交易法》是管理期货市场和商品期货交易委员会当局的联邦法律。尽管 CFTC 最初专注于农产品期货合约，但后来它的管辖范围也扩展到能源产品、金属、金融资产和指数、利率以及其他金融、商业或经济突发事件的期货合约。2010 年，《多德-弗兰克法》将商品期货交易委员会的管辖范围扩大到包括掉期交易，并实施沃尔克规则。

商品期货交易委员会的任务是促进形成开放、透明、竞争和财务健全的市场，以避免系统性风险，并保护市场用户及其资金、消费者和公众免受欺诈、操纵和与受《商品交易法》约束的衍生品和其他产品有关的滥用行为的影响。为了促进市场的完整性，商品期货交易委员会对其管辖范围内的市场和参与者的滥用行为进行监管，并采取执法行动。商品期货交易委员会监督行业自律组织，包括传统的、有组织的期货交易所或被称为指定合约市场的交易委员会。商品期货交易委员会还登记和监督其他市场实体，如掉期执行设施、衍生品清算组织和掉期数据存储库。此外，商品期货交易委员会还要求对市场中介机构及其人员进行登记，包括掉期交易商、期货商、介绍经纪人、商品池经营者和商品交易顾问。

（2）证券交易委员会（SEC）。SEC 的使命是保护投资者，维护公平、有序、高效的市场，促进资本形成。大体上，美国证交会对经纪人和交易商、一级和二级市场的证券发行、投资公司、投资顾问、信用评级机构和基于证券的掉期交易商拥有管辖权。证券交易委员会受《多德-弗兰克法》的授权，在某些领域制定规则，包括某些私人基金（对冲基金和私募股权基金）、沃尔克规则、基于证券的掉期、清算机构、市政证券顾问、高管薪酬、代理投票、资产支持证券化、信用评级机构以及专门的披露。

第三类为联邦住房金融管理局（FHFA）。

联邦住房金融管理局（FHFA）负责监督二级抵押贷款市场的组成部分，包括政府资助的房利美、房地美和联邦住房贷款银行系统。自2008年以来，联邦住房金融管理局一直是房利美和房地美的监护人。联邦住房金融管理局受《多德-弗兰克法》的授权，就抵押贷款发起人补偿、抵押贷款风险保留、评估要求和压力测试等议题，与其他机构制定具体的联合规则。

第四类为消费者金融保护局（CFPB）。

消费者金融保护局（CFPB）由《多德-弗兰克法》创建，负责根据联邦消费者金融法监管提供给消费者的金融产品和服务，制定消费者教育计划，研究和监控金融服务市场。CFPB拥有监督和执行权力：资产超过100亿美元的银行、储蓄机构和信用合作社及其附属机构；所有非银行住房抵押贷款发起人、经纪人和服务商；所有发薪日贷款人；所有非银行私人学生贷款人；CFPB规则制定所确定的其他消费金融产品或服务市场的较大参与者等基于《多德-弗兰克法》,《联邦消费者金融法》的18项权力在CFPB中得到了巩固，该法先前被分为7个机构。《多德-弗兰克法》特别授权CFPB制定和执行包括抵押贷款和服务、统一抵押披露和禁止UDAAP等内容的规则。

第五类为自律组织。

（1）金融业监管局（FINRA）。金融业监管局的使命是通过对其成员经纪交易商进行有效监管，为投资者提供保护，促进市场诚信。它有责任监督证券市场及其成员，建立其成员开展业务的标准，监督业务行为，并对违反适用联邦法规、证券交易委员会规则和金融业监管局规则的成员提起纪律处分。

（2）市证券规则制定委员会（MSRB）。MSRB的任务是通过为经销商和市政顾问制定规则，收集和传播市场信息，通过促进公平和高效的市政市场，保护投资者、州和地方政府发行人、其他市政实体和公众利益、外展和教育。MSRB 为从事市政证券承销、交易和销售的经纪交易商制定规则，目的是保护投资者和发行人，促进形成公平和高效的市场。

（3）国家期货协会（NFA）。NFA 是一个自律组织，其任务是提供监管计划和服务，以确保期货行业的诚信，保护市场参与者，并帮助 NFA 成员履行其监管职责。NFA 制定并执行管理会员行为的规则，包括期货商、商品池运营商、商品交易顾问、介绍经纪人、指定合约市场、掉期执行设施、商业公司和银行。

第六类为国家银行监管机构。

所有 50 个州、哥伦比亚特区和美国领土都有银行监管机构，监管着大约 5000 家总资产超过 4.9 万亿美元的存款机构。被保险的州存款机构也受到联邦存款保险公司的监督和监管，而选择成为美联储成员的州存款机构也受到美联储的监督和监管。各州还监管大多数非存款金融机构，包括抵押贷款发起人和服务商、消费金融公司、发薪日贷款人和货币服务企业。作为非存管机构的一部分，许多国家监管机构对不断增长的金融技术部门中的金融机构进行监管。目前，国家监管机构批准了约 16000 家抵押贷款公司和 138000 多家非存款金融机构。

聚焦于美国中小银行监管现状，美国社区银行监管机构主要由货币监理署、联邦储备管理委员会、联邦存款保险公司、消费者金融保护局四大联邦级别金融监管机构以及各州的银行管理厅组成。货币监理署是国民银行的主要监管机构，国民银行作为联邦存款保险公司会员，还要接受联邦存款保险公司的监管；州特许银行有权选择是否成为美联储会员，选择成为美联储会员的州特许银行，由美联储与州监管机构共同监管，美联储作为主要的监管机构；没有加入美联储会员的州特许银行，由联邦存款保险公司与州监管机构共同监管，联邦存款保险公司承担主要的监管职能。此外，联邦金融机构检查委员会（FFIEC）专门负责为 FRS、OCC、FDIC、CFPB 制定统一的监管原则、标准和报告形式，开展跨机构监管培训，促进监管协调，避免监管资源浪费，为银行降低合规成本。

三、美国中小银行监管平衡性实践逻辑和现实挑战

（一）美国中小银行监管平衡性实践逻辑

美国在经历了 20 世纪 30 年代大萧条、20 世纪 80 年代的储贷危机、2008 年国际金融危机后，在如何处理中小银行退出问题和维持监管平衡性方面积累了丰富的经验。其中，美国存款保险制度的建立和完善起到了关键性作用。

1930~1933 年，美国有 9000 多家银行倒闭，成立一家专门处理银行挤兑的政府机构成为必然。1933 年，美国国会通过《格拉斯-斯蒂格尔法》，成立 FDIC，成为第一个建立存款保险制度的国家。在经历了 20 世纪 80 年代的储贷危机后，美国于 1991 年颁布了《联邦存款保险公司改进法》，对存款保险制度进行大幅改革：实施风险差别费率，防范道德风险；及时采取早期纠正措施；强化 FDIC 对问题银行的风险处置权。此次改革明确了 FDIC “事前介入、事中接管、事后清算”的综合职能，FDIC 成为事实上的“银行破产法庭”，能够迅速、有效地处置银行风险。

从美国的做法看，存款保险基金管理机构组织实施收购承接是最常用的市场化退出处置方式。在实践中，一般先使用存款保险基金，支持其他合格的金融机构对问题银行进行收购或者承担其业务、资产、负债，使存款人的存款转移到承接银行，继续得到全面保障。确实无法由其他银行收购、承接的，按程序申请破产，由存款保险基金依法偿付被保险存款。无论采取何种方式，市场化处置机制都强调落实股东依法吸收损失的责任，严肃市场纪律，防范道德风险。

FDIC 处置单家金融机构风险的一个重要原则就是实现“成本最小化”。从各国的处置经验来看，要实现“成本最小化”最主要是做好两个方面的工作：一是早发现、早处置，美国等主要国家都赋予了存款保险等处置当局早期监测和纠正的职能，在风险爆发初期就及时介

入进行早期纠正并做好处置准备，一旦早期纠正失败就可以实现与处置程序有序衔接；二是尽可能通过收购与承接等市场化的方式进行处置，保障各项关键业务的连续性。

触发机制方面，美国有明确规定，一般分为定量标准和定性标准。定量指标主要选择安全性和稳健性指标，如 FDIC 规定，只要投保机构资本充足率低于 2%，就可强制接管并进行清算。定性指标为金融机构不能稳健经营，面临经营失败风险或者可能出现重大违约，并且无法在合理期限内通过市场并购或监管措施恢复经营，启动处置符合公共利益。

资金来源方面，单个金融机构风险的处置资金一般来源于存款保险基金，当存款保险基金规模不足时，利用金融市场发债或者从中央银行贷款筹措资金。国际金融危机后，为了增强存款保险的处置能力，美国曾选择提高存款保险费率①，以便积累更大规模的存款保险基金，应对未来可能发生的风险。在损失承担方面，如果发生损失，首先要由股东和无担保债权人承担。

（二）美国中小银行监管平衡性现实挑战

从近年实践来看，美国中小银行监管平衡性现实挑战在于，为居民和中小企业服务的社区银行维持或增加数量已经低于社区银行下降数量，以及一些社区已在承受失去社区银行带来的不利影响。美联储相关研究表明，自 21 世纪初以来，社区银行数量的下降已成常态，并且几乎局限于资产不足 1 亿美元的社区银行。尤其是自 2013 年以来，社区银行数量下降速度有所加快，主要是因为缺乏进入，而不是退出速度的增加。在地方一级，约 1/3 的市场自 21 世纪初以来社区银行数量有所下降，但约 2/3 的市场没有变化，社区银行数量也没有增加。缺乏进入的原因很多，部分是由于规模经济效应和监管负担加重，也

① 由于处置多家银行倒闭，存款保险基金在 2009 年第三季度即告罄。为了保持存款保险基金的处置能力，在 2009 年初提高了保费费率，保费年征收额较危机前增长了 4 倍，超过 120 亿美元。在存款保险基金规模最为紧张的时候，FDIC 在 2009 年 6 月从银行业征收了一次共计 55 亿美元特别保费，在 2009 年 12 月要求整个银行业预先支付未来三年总计 460 亿美元的保费。

有很大程度上是因为极低的利率环境和国际金融危机后中小银行扩张速度慢于往常。

四、美国中小银行监管差异性实践逻辑和现实挑战

（一）美国中小银行监管差异性实践逻辑

美国中小银行监管差异性秉承“非一刀切”的理念，即在努力提高安全性和稳健性并确保消费者遵守规定的同时，针对不同规模和复杂程度的机构带来的不同风险制定规则和监管办法。在这一理念的指导下，美联储和其他联邦银行监管机构在不造成过度监管负担下实现监管目标。比如，根据《经济增长和监管文书削减法》(*Economic Growth and Regulatory Paperwork Reduction Act*）的要求，启动审查，以确保新的和现有的法规不会对社区银行造成不必要的负担。

在监管措施上，美联储为非复杂社区银行发布精简的征询报告，延长总资产不超过10亿美元的银行的审查周期，将小型银行控股公司政策的门槛提高至10亿美元，并将范围扩大至包括储蓄和贷款控股公司。减轻与房地产评估要求相关的负担，简化对社区银行的监管资本要求，鼓励社区银行之间的资源共享，以帮助管理其银行保密法（BSA）和反洗钱（AML）义务。利用监测数据和前瞻性风险分析来确定高风险社区银行，将监管重心放在风险最高的领域，减轻低风险社区银行的监管负担。

在监管沟通上，美联储和其他联邦银行监管机构与社区银行家保持紧密沟通，以确保监管信息及时性和政策实施有效性。比如，监管者与社区银行家们直接座谈。美联储理事会每年与社区存款机构咨询委员会（Community Depository Institutions Advisory Council）举行两次会议，其中包括12个联邦储备区的社区银行、储蓄机构和信用合作社的代表。个别州长也会利用机会不时与社区银行家会面。美联储负责监管的副主席定期与银行高管交谈，包括那些经营小型社区银行的高管。

在冲击应对上，适时采用临时性放松安排。近期，在新冠肺炎疫

情的冲击下，美国对社区银行监管做出了临时性放松政策并明确逐步的过渡期安排，以便社区银行能够集中精力支持对有信誉的家庭和企业的贷款，从而缓解美国社区经济的压力。

2020 年 4 月 6 日，联邦银行监管机构——美联储、FDIC、OCC 联合发布两项暂行最终规定，为社区银行组织提供临时救济；根据《冠状病毒援助、救济和经济安全法》（*The Coronavirus Aid, Relief, and Economic Security Act*）第 4012 条的要求，暂时将社区银行的杠杆比率降低到 8%。这两条规则将修改社区银行杠杆比率框架，从 2020 年第二季度开始至年底，杠杆率为 8%或以上且符合某些其他标准的银行机构可选择使用社区银行杠杆率框架；以及社区银行组织到 2022 年 1 月 1 日，在社区银行杠杆率要求重新建立在 9%以上。根据暂行最终规定，社区银行杠杆率从 2020 年第二季度开始至年底为 8%，2021 年为 8.5%，此后为 9%。暂行最终规定还对杠杆率低于适用的社区银行杠杆率不超过 1%的合格社区银行机构维持两个季度的宽限期。

1. 监管资本规则一：社区银行杠杆比率框架的临时修改

（1）社区银行杠杆比率框架的背景。社区银行杠杆比率框架为满足某些资格标准的社区银行组织提供了一个简单的资本充足率度量。社区银行杠杆比率框架执行《经济增长、监管救济和消费者保护法》（*Economic Growth, Regulatory Relief, and Consumer Protection Act*，以下简称《EGRRCPA 法》）第 201 条，该条要求货币监理署、美联储理事会和联邦存款保险公司（统称为联邦监管机构），为符合条件的社区银行组织设立不低于 8%且不超过 10%的社区银行杠杆率。

根据《EGRRCPA 法》第 201（c）条款，一个合格的社区银行组织[①]，如果超过了由联邦监管机构设立的社区银行杠杆率，则应被视为满足了资本规则（一般适用规则）中一般适用的基于风险和杠杆的资本要求、任何其他适用的资本或杠杆要求以及《联邦存款保险法》

① 授权法规使用“合格的社区银行”一词，而实施法规使用“合格的社区银行组织”一词。这些术语通常具有相同的含义。EGRRCPA 第 201（a）（3）条规定，符合条件的社区银行机构是一个存款机构或存款机构控股公司，其合并资产总额低于 100 亿美元，且根据银行机构的风险状况，满足这些机构确定的适当其他因素。该决定应基于表外风险敞口、交易资产和负债、名义衍生产品总风险敞口以及机构确定的其他适当因素的考虑。

第38节中“资本充足”的资本比率要求（如适用）。《EGRRCPA法》第201（b）条款还要求各联邦监管机构制定程序，对杠杆率低于各联邦监管机构规定的社区银行杠杆率要求的合格社区银行机构进行处理。

2019年，联邦监管机构发布了建立社区银行杠杆比率框架的最终规则，该框架于2020年1月1日生效（2019年最终规则）。根据2019年最终规则，联邦监管机构使用资本规则的现有杠杆比率建立了9%的社区银行杠杆比率。保持杠杆率大于9%并选择使用社区银行杠杆率框架的合格社区银行机构将被视为满足一般适用规则和任何其他适用的资本或杠杆要求，并且如果适用，将被视为资本充足①。

根据2019年最终规定，合格的社区银行机构是指合并资产总额低于100亿美元的任何存款机构或存款机构控股公司，占合并资产总额25%或以下的表外风险敞口（不包括已出售信用衍生品和无条件可撤销承诺以外的衍生品），占合并资产总额5%或以下的交易资产和负债。银行组织也不能是一个先进的银行组织②。

此外，2019年最终条例规定了两个季度的宽限期，在此期间，合格的社区银行机构暂时不符合任何合格标准，包括高于9%的杠杆率要求，一般来说，只要银行机构的杠杆率保持在8%以上，资本仍然被认为是充足的。如果银行机构未能在宽限期内满足所有合格标准，或未能保持高于8%的杠杆率，则必须遵守普遍适用的规则，并提交适当的监管报告。

（2）《冠状病毒援助、救济和经济安全法》第4012条。2020年3月27日，《冠状病毒援助、救济和经济安全法》（简称《CARES法》）签署成为法律。《CARES法》指示各联邦监管机构对社区银行

---

① 根据适用于被保险存款机构的现行PCA要求，要被视为“资本充足”，银行机构必须证明其不受任何书面协议、命令、资本指令或(如适用）即时纠正措施指令的约束，以满足并保持任何资本的特定资本水平测量。参见《美国联邦法规》第12卷第6.4(b)（1)(iv）节（货币监理署)；第12卷第208.43(b)(1)(v）节(委员会)；第12卷第324.403(b)(1)(v)节(联邦存款保险公司)。同样的法律要求在社区银行杠杆比率框架下继续适用。

② 如果银行组织是全球具有系统重要性的银行控股公司，是第二类银行组织，选择成为高级接近银行组织，是高级接近银行组织公司的子公司，则该银行组织是高级接近银行组织，有先进的分支机构。参见《美国联邦法规》第12卷第3.100节（OCC)；第12卷第217.100节（Board)；第12卷第324.100节（FDIC)。

杠杆比率框架进行临时修改。具体而言，《CARES 法》第 4012 条指示各联邦监管机构发布一项临时最终规则，其中规定，就《EGRRCPA 法》第 201 条而言，社区银行杠杆率应为 8%，且杠杆率低于《CARES 法》规定的社区银行杠杆率要求的合格社区银行机构应具有满足该要求的合理宽限期。适用宽限期的合格社区银行组织可继续被视为合格社区银行组织，并应被推定满足《EGRRCPA 法》第 201（c）节所述的资本和杠杆要求。

（3）对社区银行杠杆比率框架的临时修改。根据《CARES 法》第 4012 条，法定临时最终规则对社区银行杠杆比率框架作了某些临时性修改。自在联邦公报中插入公布日期起生效，社区银行杠杆率将为 8%，直至法定临时最终规则的终止日期。杠杆比率为 8%或以上（且符合其他合格标准）的银行机构可在临时最终规则生效期间选择使用社区银行杠杆比率框架。

此外，根据法定的临时最终规则，如果社区银行机构暂时不符合任何资格标准，包括 8%的社区银行杠杆率要求，只要该银行机构保持 7%的杠杆率，一般仍将被视为资本充足或者更大。如果银行机构在宽限期结束后未能达到合格标准，或报告的杠杆率低于 7%，则必须遵守一般适用的规则，并提交适当的监管报告①。法定的临时最终规则不会影响其他合格的社区银行杠杆比率框架中的标准。

各联邦监管机构在 2019 年的最终条例中，有两个季度的宽限期，杠杆比率要求比社区银行杠杆比率低 1 个百分点，基于这些要求适当缓解了资本的潜在波动性，以及基于季度间银行机构风险状况临时变化的相关监管报告要求，同时捕捉银行机构风险状况的更持久变化。这些联邦监管机构仍然认为这种方法是适当的，并为杠杆率低于 8%的社区银行杠杆率要求的合格社区银行组织提供了合理的时间来满足这一要求，符合《CARES 法》第 4012 条的规定。

（4）法定临时最终规则的生效日期。法定临时最终规则自在联

① 此外，根据 2019 年最终规则，因企业合并而不再符合资格标准的银行机构也将不会获得宽限期，并将被要求遵守普遍适用的规则。

邦公报中插入公布日期起生效。银行机构可利用法定临时最终规则的要求，在2020年第二季度（即2020年6月30日）提交其催缴报告或FR Y-9C表格（如适用）。

（5）过渡期临时最终规则。各联邦监管机构同时发布了一项临时最终规则，规定从《CARES法》第4012条规定的临时8%社区银行杠杆率要求过渡到9%社区银行杠杆率要求，由各联邦监管机构在2019年最终条例（过渡期临时最终规则）中确定。当过渡期临时最终规则中的要求适用时，社区银行杠杆率在2020年第二季度至第四季度为8%，2021年为8.5%，此后为9%。《EGRRCPA法》第201条要求合格的社区银行机构超过各联邦监管机构设立的社区银行杠杆率，以被视为满足一般适用规则、任何其他适用的资本或杠杆要求，以及（如适用）“资本充足”的资本比率要求，然而《CARES法》第4012条规定，合格的社区银行机构必须达到或超过8%的社区银行杠杆率才能被视为相同。这些联邦监管机构正在发布过渡期临时最终规则，为社区银行机构提供充足的时间和明确性，以满足社区银行杠杆率框架下的要求，同时，鉴于美国经济最近受到的压力，它们在新冠肺炎疫情紧急关头还将重点支持向有信誉的家庭和企业提供贷款。

（6）行政法律事务。

其一，行政程序法。联邦监管机构在没有事先通知的情况下发布了法定的临时最终规则，并没有公开评论的机会，也没有行政程序法（APA）通常规定的30天延迟生效的日期。

联邦监管机构认为，在《联邦公报》上公布后，立即执行法定的临时最终规则最有利于公众利益。如上所述，《CARES法》第4012条指示各联邦监管机构发布一项临时最终规则，其中规定，就《EGRRCPA法》第201条而言，社区银行杠杆率应为8%，且杠杆率低于《CARES法》规定的社区银行杠杆率要求的合格社区银行机构应具有满足该要求的合理宽限期。适用宽限期的合格社区银行组织可继续被视为合格社区银行组织，并应被推定满足《EGRRCPA法》第201（c）节所述的资本和杠杆要求。

《行政程序法》还要求延迟30天的生效日期，但授予或承认豁免或解除限制的实质性规则；解释性规则和政策声明或行政机关出于正当理由另有规定。因为这些规则解除了限制，法定临时最终规则不受《行政程序法》延迟生效日期要求的约束。此外，各联邦监管机构有充分理由公布具有立即生效日期的法定临时最终规则，其理由与《行政程序法》第 553（b）节讨论的上述理由相同。

虽然联邦监管机构认为有充分理由在不事先通知和评论的情况下发布法定临时最终规则，并在联邦公报公布之日起立即生效，但对公众的意见仍感兴趣，并要求对法定临时最终规则的所有方面发表评论。

其二，国会审查法。就《国会审查法》而言，管理和预算办公室（简称 OMB）决定最终规则是否构成“主要”规则。如果 OMB 认为某项规则是“主要”规则，则《国会审查法》一般规定该规则至少在公布 60 天后方可生效。

《国会审查法》将“主要规则”定义为 OMB 信息和监管事务办公室行政官发现的已经或可能导致：每年对经济产生 1 亿美元或以上的影响；消费者、个别行业、联邦政府的成本或价格大幅上涨的任何规则，州或地方政府机构或地理区域；对竞争、就业、投资、生产力、创新或美国企业在国内和出口市场上与外国企业竞争的能力产生重大不利影响。

出于上述同样的原因，各联邦监管机构正在采用法定的临时最终规则，但没有根据《国会审查法》一般规定的延迟生效日期。《国会审查法》要求的延迟生效日期不适用于任何有正当理由的机构发现（并在发布的规则中包含调查结果和原因简要说明）通知和公开程序不可行、不必要的规则，或违背公共利益。根据《 CARES 法》第 4012 条，各联邦监管机构认为推迟法定临时最终规则的生效日期将违背公共利益。

根据《国会审查法》的要求，各联邦监管机构将向国会和政府问责办公室提交法定临时最终规则和其他适当报告，以供审查。

其三，文书削减法。1995 年《文书削减法》（44 U. S. C. 3501－3521）（PRA）规定，任何联邦监管机构不得进行或赞助信息收集，也不得要求被申请人对信息收集做出回应，除非其显示了当前有效的

OMB 控制编号。法定临时最终规则影响各联邦监管机构目前收集的 Call Reports。委员会已根据监察委员会授予的权力，审查了法定临时最终规则。

虽然法定临时最终规则不包含信息收集要求，但各联邦监管机构已确定，由于该规则的制定，应对调用报告进行更改。尽管社区银行杠杆比率框架的变化可能会导致 Call Reports 的实质性变化，但这种变化应该是比较小的，并导致各联邦监管机构信息收集下每小时负担的净变化为零。不过，各联邦监管机构将向 OMB 提交意见。Call Reports 及其相关指示的变更将在单独的《联邦公报》通知中说明。

此外，董事会还应对控股公司的财务报表（FR Y-9 报告、OMB 第 7100-0128 号）进行修改，以准确反映法定临时最终规则的变化。董事会将在过渡期临时最终规则中分别处理对 FR Y-9 报告及其指示的这些变更。

其四，监管灵活性法案。《监管灵活性法》（《RFA 法》）要求联邦监管机构考虑其提议的规则是否会对大量小型实体产生重大经济影响[①]。《RFA 法》仅适用于机构根据《美国法典》第 5 卷第 553（b）节发布拟议规则制定一般通知的规则。如前所述，根据《行政程序法》第 553（b）节的规定，各联邦监管机构出于正当理由确定，一般通知和公开评论的机会是不可行的，并且有违公众利益，各联邦监管机构不发布拟议规则制定的通知。各联邦监管机构得出的结论是，《RFA 法》有关初始和最终监管灵活性分析的要求不适用。

其五，1994 年《里格尔社区发展和监管改善法》。根据《里格尔社区发展和监管改善法》（《RCDRIA 法》）第 302（a）条款，在确定新法规的生效日期和行政合规要求时，对受保存款机构（IDI）施加额外的报告、披露或其他要求，各联邦银行机构必须根据安全、稳健和公共利益的原则，考虑此类法规对存款机构（包括小型存款机构）和存款机构客户造成的任何行政负担以及此类法规的好处。此外，

① 根据小企业管理局的规定，小实体包括总资产不超过 6 亿美元的存款机构、银行控股公司或储蓄贷款控股公司以及总资产不超过 4150 万美元的信托公司。

《RCDRIA法》第302（b）条款要求对IDI施加额外报告、披露或其他新要求的新法规和法规修正案，一般在法规以最终形式发布之日或之后开始的日历季度的第一天生效，但某些例外情况除外，包括正当理由。

出于上述原因，各联邦监管机构根据《RCDRIA法》第302条款的规定，有充分理由发布具有即时生效日期的法定临时最终规则。

其六，使用通俗易懂的语言。《格拉姆-里奇-布莱利法》第722条要求联邦银行监管机构在2000年1月1日以后公布的所有拟议和最终规则中使用“通俗易懂的语言”。根据这一要求，各联邦监管机构力求以简单和直接的方式提出法定临时最后规则。联邦监管机构邀请各方就是否可以采取其他措施使这一规则更易于理解发表评论。例如：

- 我们是否组织了材料以满足您的需求？如果没有，如何更好地组织这些材料？
- 法规中的要求是否明确规定？如果没有，如何才能更清楚地说明这一规定？
- 条例是否包含不清楚的语言或行话？如果是，哪种语言需要澄清？
- 不同的格式（章节的分组和顺序、标题的使用、段落）是否会使法规更容易理解？如果是这样的话，对格式的哪些修改会使法规更容易理解？
- 我们还能做些什么，使监管更容易理解？

其七，无基金授权法。一般而言，1995年《无基金授权法》（以下简称《UMRA法》）、《美国法典》第2卷第1531节及以下，要求在颁布包括联邦授权在内的规则之前，编制一份预算影响报表，该规则可能导致州、地方和族群政府在任何一年年内的总开支或私营部门的总开支超过1亿美元。但是，《UMRA法》不适用于未发布拟议规则制定一般通知的最终规则。见《美国法典》第2卷第1532（a）节。因此，由于货币监理署已找到充分的理由免除本《法定临时最终规则》的通知和意见，货币监理署得出结论认为《UMRA法》的要求不适用于本《法定临时最终规则》。

2. 监管资本规则二：社区银行杠杆率框架的过渡期安排

根据截至 2019 年 12 月 31 日的报告数据，合并资产总额低于 100 亿美元的银行机构有 5258 家。这些机构估计，在 8%的校准和其他合格标准下，大约 95%的银行机构有资格使用社区银行杠杆比率框架。这些机构估计，在 8.5%的校准和其他合格标准下，大约 91%的此类银行机构有资格使用社区银行杠杆比率框架。社区银行杠杆率要求一览表如表 3-1 所示。

表 3-1　社区银行杠杆率要求一览表　　单位：%

年份	社区银行杠杆率	适用宽限期内的杠杆比率
2020	8	7
2021	8.5	7.5
2022	9	8

资料来源：作者根据美联储网站资料整理。

各联邦监管机构维持 2019 年最终规则的要求，即宽限期将从选举银行机构不再满足任何资格标准的日历季度末开始（只要银行机构保持高于适用的）并将在连续两个日历季度后结束。例如，截至 2020 年 3 月 31 日，已符合所有资格标准的银行机构在 2020 年 5 月 15 日不再符合其中一项资格标准，且截至该季度末仍不符合标准，此类银行机构的宽限期将从截至 2020 年 6 月 30 日的季度末开始。自 2020 年 9 月 30 日起，银行组织可继续使用社区银行杠杆比率框架，但自 2020 年 12 月 31 日起，银行组织将需要完全遵守普遍适用的规则（包括相关报告要求），除非银行组织在该日前再次满足所有合格标准。

如果选择的银行组织处于所需社区银行杠杆率增加的宽限期内，则该银行组织自该变更之日起将同时受制于更高的社区银行杠杆率要求和更高的宽限期杠杆率要求。例如，如果截至 2020 年 9 月 30 日符合所有资格标准的当选银行机构，截至 2020 年 12 月 31 日的社区银行杠杆率为 7.2%（但符合所有其他资格标准），则此类银行机构的宽限期将从第四季度末开始。如果银行机构的杠杆率大于 7.5%，且自

2021 年 6 月 30 日起需要完全遵守普遍适用的规则（包括相关报告要求），则银行机构可继续使用社区银行杠杆率框架（自 2021 年 3 月 31 日起），除非银行机构的杠杆率在该日之前超过 8.5%（并符合所有其他合格标准）。在本例中，如果银行组织截至 2021 年 3 月 31 日的杠杆比率等于或小于 7.5%，则它将没有资格使用社区银行杠杆比率框架，并将立即受到普遍适用规则的要求的约束。

如上所述，选举社区银行机构的宽限期限为连续两个日历季度。例如，如果在 2021 年 6 月 30 日之前符合所有资格标准的银行机构，在 2021 年 9 月 30 日之前具有 8.3%的社区银行杠杆率（但符合所有其他资格标准），则此类银行机构的宽限期将从第三季度末开始。如果银行组织的杠杆率大于 7.5%，且自 2021 年 3 月 31 日起需要完全遵守普遍适用的规则（包括相关的报告要求），则银行组织可继续使用社区银行杠杆率框架（截至 2021 年 12 月 31 日），除非银行机构的杠杆率在该日期之前超过 9.0%（并符合所有其他合格标准）。

过渡期临时最终规则在《联邦公报》公布后立即生效。银行机构须遵守过渡期临时最终规则下的要求，以便在法定临时最终规则不再有效的季度开始提交其催缴报告或 FR Y-9C 表格（如适用）。银行机构在过渡期中期最终规则生效日期前一个季度的资本要求符合性应根据一般适用规则确定，除非银行机构已提交其上一季度的催缴报告表或 FR Y-9C（如适用），并已表明选择使用社区银行杠杆率。

（二）美国中小银行监管差异性现实挑战

自《多德-弗兰克法》通过后，美国各地的社区银行一直受到巨大监管的压力，合规成本上升至净收入的 24%，存款份额损失近 1/4。2006~2010 年，社区银行在美国银行业资产中的份额下降了 6%。相比之下，2010~2015 年，社区银行在美国银行业资产中的份额下降了 12%以上。根据《经济增长、放松监管和消费者保护法》新标准，美国执行系统重要性金融机构审慎监管标准的银行数量将从 38 家减少到 12 家，减轻了部分中小型银行的合规成本。

五、美国中小银行监管公平性实践逻辑和现实挑战

（一）美国中小银行监管公平性实践逻辑

19 世纪 30 年代，美国房主贷款公司（Home Owners' Loan Corporation）在联邦住序贷款银行委员会的指示下，对美国较大城市及周边地区进行了信用等级评定。那些被视为风险大的社区在地图上会用红线圈示出来，也即“划红线（Redlining）”，银行业金融机构则根据这样的地图做出是否贷款的决定。对于那些居住在“红线区”的家庭来说，他们能否获得住房抵押贷款与他们的收入情况并没有太大的关系，起决定性作用的是其居住地导致金融服务的区域歧视问题。20 世纪 70 年代美国金融服务的“划红线”和“社区不投资”等问题不断恶化，导致金融机构对中低收入社区不投资甚至撤离，演变成了严重的社会问题。一些研究认为，尽管信贷业务存在一定的特殊性，但是就像公用事业公司不能只为特定对象提供服务一样，设立在本地社区的金融机构选择性地提供金融服务甚至不服务是不符合公共利益的。在这种背景下，美国国会在 1977 年通过了《社区再投资法》（*Community Reinvestment Act*，CRA），规定银行和储蓄机构不能把落后地区划为红线区，突出了对中低收入社区金融权利的保护，同时以执法检查形式督导银行和储蓄机构开展普惠金融业务，将普惠金融开展与金融机构新业务申请许可挂钩，确保各个社区的居民能够享有平等、充分的金融服务。

CRA 执法检查的特点为多个联邦金融监管部门分头进行。美国实行双重银行体系（Dual Banking System），即银行可以选择取得联邦或州牌照，每一家银行或储蓄机构要求有一个主监管者（Primary Regulator），联邦注册的国民银行、联邦注册的储贷机构、州注册的联储成员银行和州注册的非联储成员银行分别受到不同监管机构的监管。由于 CRA 针对的对象为所有接受联邦存款保险的银行和储蓄机构，而这些机构又是由不同的联邦金融监管部门监管，目前 CRA 执法检查分别由美联储、联邦

存款保险公司、货币监理署各自对其监管对象进行。

由于三家联邦金融监管部门的 CRA 执法检查所依据的法律不完全相同，为了协调在执法过程中可能出现的差异，它们在联邦金融检查委员会（Federal Financial Institutions Examination Council，FFIEC）[①] 框架下进行协调统一，在检查对象类型划分标准、检查程序、检查内容和合规评级方面都做了统一，因此目前三家联邦金融监管部门在 CRA 执法检查的内容和形式上基本一致，美国的银行业金融机构监管主体及分工如表 3-2 所示。

表 3-2　美国的银行业金融机构监管主体及分工

监管主体	监管对象	说明
美联储	银行控股公司、储蓄与贷款控股公司、州注册的联储成员银行、FSOC 委托的非银行金融公司	可延伸对控股公司附属机构进行检查
联邦存款保险公司	州注册、非联储成员银行	有权对所有得到存款保险的机构进行监督和检查
货币监理署	国民银行[②]、联邦储蓄协会，外国银行美国分行、办事处	负责牌照的发放、监管
全国信用社管理局	联邦信用社（Federal Credit Unions）	同时负责管理全国信用社股份保险基金

① 联邦金融机构检查委员会是根据“1978 年金融机构监管和利率控制法案”建立的一个正式的跨部门联邦机构，专门负责为联邦金融监管部门的执法检查制定统一的原则、标准和报告形式。目前的 FFIEC 成员除了美联储、联邦存款保险公司、货币监理署外，还包括全国信用社管理局（National Credit Union Administration，NCUA）、消费者金融保护局（Consumer Financial Protection Bureau，CFPB）。同时，为了协调各州的金融监管部门，FFIEC 还建立了州联络委员（State Liaison Committee），由来自五个州的金融监管部门代表组成，在 FFIEC 中拥有一个投票权。

② 根据《国民银行法》（National Bank Act）和《房主信贷法》（Home Owners' Loan Act）的规定，OCC 拥有向国民银行和联邦储蓄协会发放牌照的权限。国民银行牌照是一种联邦制的公司组织，允许一家银行在全国范围内从事经营活动，并按照统一的标准对其进行联邦监管。除极少数例外，所有国民银行，包括参保和未参保的信托银行和其他特殊目的国民银行，都必须是联邦储蓄系统的会员单位。国民银行通过认购适当的联邦储蓄银行的股票的方式成为会员银行。

续表

监管主体	监管对象	说明
州银行监管部门	储蓄机构、非储蓄金融机构，包括按揭贷款发起人和服务商、消费金融公司、现金贷（Payday Lender）、货币服务商（Money Service Businesses）	所有50个州、哥伦比亚特区和美国属地均有自己的银行监管者，负责监管近5000个储蓄机构。得到保险的州储蓄机构也受到FDIC的监管，被选为联储成员的州储蓄机构也接受联储的监管。目前各州发放牌照的按揭贷款公司约有16000家、非储蓄金融机构超过13.8万家

资料来源：U. S. Department of the Treasure，A Financial System That Creates Economic Opportun-ities-Banks and Credit Unions（2017）。

（1）按照金融机构资产规模确定CRA执法检查内容。在CRA执法检查过程中，联邦金融监管部门按照资产规模将银行和储蓄机构划分为小银行（Small Bank）、中小银行（Intermediate Small Bank）和大银行（Large Retail Bank）三类，执行不同的检查程序和内容。同时，联邦金融监管部门每年都将根据CPI、薪资变化等情况，对小银行、中小银行和大银行的划分标准进行调整，因此银行和储蓄机构接受的CRA检查项目将会随自身资产规模的变化而有所不同。以2017年的认定标准为例，如果在过去两个日历年度末（12月31日），资产规模均超过12.26亿美元，划入大银行范畴，否则纳入小银行范围；但如果在过去两个日历年度末，小银行的资产规模超均过3.07亿美元，则划入中小银行范围。

表3-3　CRA检查小银行上限和中小银行下限资产规模认定标准

单位：亿美元

实施时间	小银行的上限	中小银行下限
2017年1月1日	12.26	3.07
2016年1月1日	12.16	3.04
2015年1月1日	12.21	3.05

续表

实施时间	小银行的上限	中小银行下限
2014 年 1 月 1 日	12.02	3.00
2013 年 1 月 1 日	11.86	2.96
2012 年 1 月 1 日	11.60	2.90
2011 年 1 月 1 日	11.22	2.80

资料来源：FFIEC，Explanation of the Community Reinvestment Act Asset－Size Threshold Change.

如表 3-3 所示，根据联邦金融机构检查委员会协调三家 CRA 执法部门后制定的检查标准，对小银行检查通常采用简化的方法，重点集中在社区贷款方面，也即主要进行社区贷款测试（Community Lending Test），但小银行也可申请开展其他检查，这样有助于提高检查的最终评估等级；对中小银行的检查一般在小银行社区贷款测试的基础上，还需要进行社区发展测试（Community Development Test），主要评估银行向所在社区提供社区发展贷款、合格投资以及社区发展服务的情况；对大银行的检查比较复杂和全面，需要开展三类测试：社区贷款测试、社区投资测试（Community Investment Test）和社区服务测试（Community Service Test）。（见表 3-5）因此，CRA 执法检查对大银行的要求较中小银行更加严格，要求更高，测试项目更多。其中，社区贷款测试是最基本、最主要的检查内容，根据评级要求，如果一家大银行在社区贷款测试中被评级为“优秀”，那么它的整体评级将不会低于“满意”，如表 3-4 所示。

表 3-4　大银行评级的评分构成

评级划分 \ 检查类别	贷款测试	投资测试	服务测试
优秀	12	6	6
非常满意	9	4	4
一般满意	6	3	3

续表

评级划分 \ 检查类别	贷款测试	投资测试	服务测试
需要改进	3	1	1
严重不合规	0	0	0

大型银行总体评级：得分 20 分及以上为“优秀”；11~19 分为“满意”；5~10 分为“需要改进”；0~4 分为“严重不合规”。

资料来源：Large Institution CRA Examination Procedures OCC. FRB and April，2014.

表 3-5 CRA 检查的类别及主要内容

检查类别	主要内容
社区贷款	（1）贷款/存款比率 （2）评估区贷款在银行全部贷款的百分比 （3）银行贷款活动的记录情况：借款人的收入水平情况、企业和农场借款人的规模情况 （4）贷款的地理分布情况 （5）对书面投诉所采取的措施
社区投资	（1）在社区发展方面的贷款和投资的笔数和总量 （2）社区发展服务水平情况 （3）在开展社区发展活动中对社区需要的响应情况，包括社区贷款社区投资 （4）在开展社区发展活动中的创新水平、复杂程度和弹性情况（仅用于大银行评估）
社区服务	（1）银行提供零售银行服务的可得性和有效性，如为非营利、部落或政府组织在中低收入人群住房、经济恢复和发展方面提供金融方面的技术支持情况 （2）提供社区发展服务的深度和创新情况，如为中低收入人群开设金融社区服务教育课程

资料来源：Large Institution CRA Examination Procedures OCC. FRB，and FDIC April，2014.

（2）CRA 检查需要确定评估区域。CRA 检查限定在一个明确的评估区域（Assessing Area）内进行，而这个评估区域是由银行或储蓄机构自己来划定，一般与一个普通的可识别的城市区域或行政区相对应①，涵盖了银行的主要办公机构、分支机构和吸纳存款的 ATM，银行在其中发放或购买绝大部分贷款。这种评估区域的划定方法认为分支机构以及 ATM 都是吸收存款的工具，也就相应地界定了银行或储蓄机构需要再投资的社区范围。此评估区域划分方法也与国会在通过 CRA 时一个基本论断相一致，申请在特定区域开展存贷业务的金融机构要求证明在该区域开展特许业务的同时也能够为社区提供便利，满足社区的金融服务需求。

（3）建立 CRA 执法检查的正向激励机制。联邦金融监管部门在进行 CRA 执法检查过程中，建立了正向激励机制，对经检查评估为“优秀”的银行或储蓄机构降低检查频率，而对检查评级为“严重不合规”者将采取相对严厉的监管措施，包括在检查报告中记录银行的不足，实施更频繁地检查。CRA 评级低于“满意”的银行一般 1 年将接受检查一次，评级为“满意”或“更好”的大型银行机构每 2~3 年将接受检查一次，评级为“满意”或“更好”的小银行一般每 5~6 年将接受检查一次。为了确保评级欠佳的银行对检查事项给予足够的重视，联邦金融监管部门将督促银行采取非正式的实施措施，如谅解协议（见表 3-6）。

表 3-6　CRA 检查周期情况

银行类别	评级	检查频率
小银行	优秀	5~6 年
	满意	4~5 年
	需要改进	1~2 年
	严重不合规	1 年

① 这样的区域一般与人口统计片区（Census Tract）相对应，人口普查局划分每一个街区（Block）为最小统计单位，几个到几十个 Block 组成统计片区，然后是（几乎相当于）社区的单位。

续表

银行类别	评级	检查频率
中小银行和大银行	优秀	2~3 年
	满意	2~3 年
	需要改进	1~2 年
	严重不合规	1 年

资料来源：OCC，FRB and FDIC.

（4）CRA 执法检查评估将考虑消费合规。CRA 执法检查后将单独出具一份 CRA 公共绩效评估报告，记录银行在帮助满足社区借贷、服务及投资需求的情况。公众绩效评估报告包括 CRA 评级，反映一家机构 CRA 总体合规情况。在 CRA 评级时，检察官还将所有消费合规检查中的公平借贷审查负面结论以及其他一些非法信贷行为结论都考虑在内。当认为有必要确保消费者保护法律得到遵守时，联邦金融监管部门将采取正式公开的实施措施，例如民事罚金、书面协议或制止令。一般大多数银行都会主动纠正检察官认定为在合规管理项目中违法或不足的情况。

（二）美国中小银行监管公平性现实挑战

从社区银行角度看，其监管公平性挑战主要体现在以下方面：

第一，社区银行与其他存款类金融机构监管公平性问题。首先是如何应对银行式的信用合作社快速增长。根据美国国家信用社管理局（National Credit Union Administration，NCUA）统计，截至 2019 年末，联邦注册的信用合作社为 5236 家，拥有 1.2 亿成员，资产总额达 1.6 万亿美元，90%的信用社资产不到 5.6 亿美元，但是最大的信用社的资产接近 1000 亿美元。自 2008 年国际金融危机以来，美国信用合作社资本充足水平逐步上升，总净值（相当于银行杠杆率）由 2009 年底的 9.89%上升至 2019 年底的 11.37%。资产快速增长，目前几乎是 2009 年的 1 倍。虽然名义上，信用合作社是为指定社区服务的成员所有的金融合作社，但在税收补贴政策的支持下，免税信用合作社实际上已无法与纳税商业银行区分开来。许多信用合作社正积极推进商业贷款，其他则试图进入财富管理领域，一些甚至将活动扩展到远远出其最初使命的范围，购买价值数百万美元的体育场命名权，炫耀其几乎无限的会员领域等。对此，美国独立社区银行协会（Independent Community Bankers of America，ICBA）敦促国会恢复美国金融服务市场的平衡，提出抑制或取消对信用合作社税收补贴，并反对 NCUA 藐视法定限制，放开对会员、会员企业贷款和发行补充资本领域的限制。倡导让信用合作社遵守《社区再投资法》，在国税局 990 号表格中披露更多的信用合作社赔偿，对信用合作社银行转换和合并进行相互监督，确保银行收购信用合作社不会比信用合作社收购银行更困难等。其次是如何应对农村信用体系挤占农村社区银行贷款。与农村社区银行相比，农业信贷系统（FCS）放款人享有不公平的优势，并利用其税收和资金优势，作为政府资助企业（GSEs）从社区银行吸走最好的贷款。FCS 是唯一一家在零售层面直接与私营银行竞争的 GSE。FCS 是由国会特许为真正的农民和牧场主以及一个与农场有关的小集团服务。近年来，FCS 寻求非农业贷款权，以期与商业银行直接竞争非农业客户。

第二，社区银行与非银行类金融机构监管公平性问题。首先是如何应对工业贷款公司（ILCs）功能上全能银行化。《银行控股公司法》中的一个漏洞是允许商业公司和金融科技公司拥有或收购工业贷款公司，而不受联邦综合监管。换言之，ILCs 在功能上等同于全方位服务银行。与美国长期的经济政策背道而驰的是商业公司拥有 ILCs 有效地将银行和商业结合起来。在大数据、社交媒体和电子商务集团、人工智能和金融技术占主导地位的新时代，这些公司可能会利用这一漏洞，对社区银行甚至整个联邦安全网产生威胁。如 Square 和 Amazon 这样的大型科技公司很可能会形成 ILCs，从而导致银行系统的隐私和利益冲突问题。为维持银行业与商业的长期分离，并确保银行系统的安全和稳健，ICBA 甚至提出敦促 FDIC 暂停工业贷款公司存款保险申请，并建议由国会辩论这一禁令，从而决定美国金融服务业的前景，以及联邦安全网是否应该延伸到商业、大数据或电子商务集团。其次是如何应对非银行支付服务提供商。长期以来，美国监管层试图在银行和非银行金融服务提供商之间建立一个公平竞争的环境。换言之，非银行提供者需要遵守与银行相同的道路规则，即要遵守消费者保护法律法规以及监督检查和数据安全要求。但是，非银行支付服务提供商的出现，打破了这一平衡。因为这些提供商不受与银行相同的安全、健全、监督和检查要求的约束，不但增加了支付系统的风险，影响了其完整性，更使得使用这些服务的消费者和小企业面临更大的风险。目前，美国国内正在考虑将非银行支付提供商置于与银行相同的隐私、安全、消费者保护和其他法律以及监管要求之下，即技术应安全可靠，受到与银行相同的监管和消费者保护，并使银行无论规模、特许经营类型或地点如何，都能在客户关系中发挥积极作用。

第三，社区银行与非传统金融机构监管公平性问题。主要是应对来自金融科技的冲击。金融科技的发展极大地拓展了金融服务的地理区域，克服了传统银行服务在距离上的不经济，由此给客户提供了更多的转换服务机构的选择。考虑到互联网渠道极低的成本，社区银行网点下沉的优势受到威胁。目前，美国国内把在线市场放贷人或其他金融科技公司与社区银行等存款机构相比，是否存在不公平的监管优势，尚无定论。如何给新的金融科技公司颁发特别用途许可的同时，还能够保障与其他联邦特许机构保持相同的安全、健全和公平标准，考验着监管智慧。

六、美国中小银行监管协调性实践逻辑和现实挑战

（一）美国中小银行监管协调性实践逻辑

（1）设立金融稳定监督委员会。为了弥补金融危机之前监管漏洞，美国总统奥巴马于 2010 年 7 月 21 日签署颁布《多德-弗兰克法》，决定设立金融稳定监督委员会（FSOC）。FSOC 主要职能包括识别和监测系统性风险，促进金融稳定。FSOC 由美国财政部长任主席，其余 15 名成员包括 9 名来自美联储、货币监理署、联邦存款保险公司、新

成立的消费者保护局等联邦层面监管机构的负责人。5 名不具有投票权的成员来自金融研究办公室[①]（Office of Financial Research）、联邦保险办公室以及州层面的银行、保险和证券监管部门的代表。1 名独立成员由总统任命作为监督副主席，来自美联储董事会成员。有表决权的委员任期为 6 年，没有表决权的委员任期为 2 年。在有表决权的委员出现空缺时，其所在机构实际行使其职权的人员自动替补成为 FSOC 的委员。

按照法案的要求，成立 FSOC 的目的在于：①识别危及美国金融稳定的风险，具体包括来自大规模的财务危机或失败、正在进行中的金融活动、连锁的银行控股公司或者非银行金融公司以及来自于金融服务市场之外但可能对金融稳定产生影响的各种风险；②通过减少股东、债权人以及相关方对政府可能援助亏损机构的期望，进一步推动金融市场加强自律；③对暴露出来的危及美国金融体系稳定的风险做出反应。

为确保达到这一目的，法案对 FSOC 的职责做出规定：①从所有委员会的成员机构、联邦和州的金融监管机构以及联邦保险办公室收集相关的金融监管信息，在需要评估金融风险对美国金融体系影响的时候，可以指挥金融研究办公室向银行控股公司或非银行金融公司收集信息。②对金融研究办公室支持委员会运作的研究方向进行指导，并且从金融研究办公室获得相关数据和分析结果。③监测金融服务市场以及识别对美国金融稳定存在威胁的潜在风险。④监测国内以及国际的金融监管发展情况，包括保险和审计方面的情况。同时，可以向国会提出相关建议以促进提升美国金融市场完整性和效率，包括提升其竞争力和稳定性的建议。⑤促进成员机构、其他联邦和州的监管机构在国内金融服务政策与监管规则制定、现场检查、报告获取以及执法诉讼等方面加强信息共享和工作协调。⑥根据 FSOC 讨论研究的结果，向成员机构提出监管重点和监管原则方面的建议。⑦识别可能

① 为了加强对系统性风险的监管，法案决定在财政部下面新设金融研究办公室，由经济学家、会计师、律师、前监管官员和其他专家构成，负责收集金融数据，进行经济分析，金融研究办公室每年对业务进行评估，并将评估结果单独向国会报告。

导致产生危机的金融监管空白。⑧在非银行金融公司出现财务危机，可能对美国金融稳定产生不良影响或者当金融稳定委员会2/3的委员投票通过的时候，可以授权联邦储备委员会对非银行金融公司进行监管。⑨在风险资本、杠杆率、流动性、损失资本、集中度、更高要求的信息披露和全面风险管理等方面，针对联邦储备委员会监管下的非银行金融公司、大型连锁银行控股公司设立更高的审慎监管标准，向联邦储备委员会提出建议。⑩确定哪些属于具有系统重要性的金融市场主体以及支付、清算、结算等业务活动。⑪建议金融监管机构对可能产生或增加流动性风险、信用风险或其他可能在银行控股公司、非银行金融公司及美国金融市场中传播风险的金融活动，实施新的更严格的标准。⑫评论并且在适当的情况下向有关委员会就现有或计划中的会计准则、标准或程序提交意见。⑬建立起一个跨部门的监管论坛，论坛的功能在于讨论和分析市场发展和金融监管中暴露出来的问题，解决不同监管部门之间的管辖权争议。⑭向国会提交年度报告并且就如下事项在国会中作证：一是FSOC自身的活动情况；二是重要的金融市场和监管发展，以及这些发展对金融体系稳定所产生影响的评估；三是威胁美国金融稳定的潜在风险状况；四是委员会作出将非银行金融公司纳入监管的决定以及支付、清算和结算方面监管决定的依据；五是委员会成员管辖权争议裁决的建议以及这种建议将产生的结果；六是就增强美国金融市场的完整性、提升效率和竞争力、推动金融市场自律以及保持投资者信心等方面提出建议。

此外，为了加强对系统性金融风险的监管，法案除了规定FSOC可以授权FED监管可能产生系统性风险的非银行金融公司或国际银行的国内子公司外，还可以授权FSOC在经2/3投票通过时，有权批准FED分拆大型复杂的金融机构，或者剥离其某些子公司，但这只能作为最后的手段。同时，对资产超过500亿美元的银行类或非银行类金融机构，均要向FSOC提交包括财务状况、风险监管与控制系统情况、同子公司交易情况、公司业务对金融市场及其稳定可能影响等内容的报告。

由上可见，FSOC主要从几个方面加强监管协调：一是事前协调，即各机构决策前信息共享和制度制定前沟通；二是事中协调，即监管过程中共享信息，减少监管漏洞；三是事后协调，即拆分金融机构时协调各方。相比较之前的FFIEC，FSOC制度设计的进步之处在于拥有充分职权，协调层次较高，协调力度和效果也有本质区别。但应当注意的是，本次金融监管改革并没有改变危机前美国纷繁复杂的监管机构格局，不同监管部门间的冲突在所难免。因此，法案授权FSOC监管委员会作为协调机构，就成员机构之间的监管冲突进行协调①。

（2）签订监管备忘录。2012年5月16日，FED、FDIC、CFPB、OCC、NCUA共同签订了监管备忘录（Memorandum of Understanding on Supervisory Coordination）②，根据监管协调备忘录，五大监管者主要协调对象为资产规模在100亿美元以上且在联邦存款保险范围内的银行类金融机构及其分支机构，包括制定检查计划，同时对监管对象进行检查（除非某一监管机构提出要进行单独检查）以及共享有关用于置评的初步检查报告等。备忘录旨在消费者金融保护局与其他审慎监管部门之间建立协调与合作的制度安排，尽量减少不必要的监管负担，避免重复监管，减少监管指令之间的冲突风险，提高监管协同效应。

（3）构架消费者保护监管协调框架。2011年，CFPB与FFIEC及各州监管机构签署了一份谅解备忘录（简称“2011备忘录”），以协

① 包括：①需要协调的情况。按照法案的要求，在下列情况下，FSOC被授权处理两个及以上成员机构之间发生的争议：一是两个成员机构对某个特定银行控股公司、非银行金融公司、金融活动或产品的管辖存在争议的；二是FSOC认为争议中的事由经过双方努力协商无法解决，需要FSOC介入协调的；三是当发生争议时，一方事前通知争议的对方将把争议事由提交FSOC寻求协调，并且在通知对方的14天以内将书面请求提交FSOC。②FSOC建议的作出。对于上述三种情况，FSOC必须在合理的时间内积极寻求解决。同时，FSOC应当按照公平和公正的原则，对争议各方提交的信息进行充分考量，在对争议进行全面分析的基础上，作出支持一方的决定。FSOC也可以进行调解，并在此基础上提出兼顾双方要求的折中妥协方案。③建议的格式。按照法案的规定，FSOC的任何关于争议处理的建议，都应当经过FSOC有表决权的委员2/3表决通过。建议应当是书面形式，并且应当对建议的理由作出详细的解释。④表决的回避要求。为确保公平，法案要求在FSOC委员所代表的机构作为争议的一方时，委员不应当参与争议处理结果的表决。按照法案的规定，FSOC可以利用联邦政府的任何部门和机构的信息资源，收集联邦金融监管机构、州金融监管机构以及银行控股公司和非银行金融公司的所有信息。这些措施为金融稳定监管委员会全面掌握金融体系的风险状况、协调有关监管机构及时进行监管干预，提供了非常有效的信息支持。

② 2012年6月4日对外公布，阐明各监管机构如何根据《多德-弗兰克法》来协调各部门之间的监管行为，以促进提高监管行为的一致性和效率，尽量减少银行担负的监管成本。

调联邦与州的监管信息共享和执行行动。但该备忘录并未对具体操作环节做出规定。在 2011 备忘录基础上，CFPB 与代表各州监管机构的 FFIEC 于 2013 年 5 月 20 日签署了《2013 年消费者金融保护局国家监管协调框架》(简称“2013 框架”)，进一步明确了操作指引(见表 3-7)。

表 3-7　2013 框架主要内容

主要内容	具体内容
明确共同监管对象	两类主体，即存款类机构和非存款类实体； 存款类机构包括投保的、持有州牌照的存款类机构或资产超过 100 亿美元的信用社，或其关联机构。在常规的监管中，2013 框架所涵盖的多数检查，为对大型跨州机构或实体所实施的执法检查
成立州协调委员会（State Coordinating Committee，SCC）	SCC 负责在监管非存款类机构时与 CFPB 加强协调①，在识别和监管拟接受检查的非存款类机构时与 CFPB 进行协作与磋商，包括确定检查对象，制定并告知开展联合检查、单独检查的时间表，共享和更新检查计划，确定单一联系人、主查人等
协调开展检查行动	为提高监管效率，该框架规定，各缔约方应尽量不在同一检查期对同一机构开展框架外的独立检查。CFPB 应与州监管机构、SCC 制定联合检查的时间表，并相互告知本部门开展独立检查的时间表。各方应为每个检查对象共同指定一名单一联系人（the Single Point of Contact），其任务是根据框架确定检查计划，共同调整各方的监管和检查责任；根据需要制定和更新书面的综合监管方案，确定检查时间；根据检查对象的组织架构和风险状况制定充分有效的监管程序等。在特殊情况下（如发生危害消费者利益的紧急风险），CFPB 和州监管机构也可以开展框架外的独立检查。但在开展此类检查前，检查机构应尽最大努力告知其他缔约方

① SCC 负责非存款类实体的监管事宜。CFPB 作为联邦机构与各州监管机构在法律上相互独立，不存在从属关系，在没有有效约束的情况下，协调行动难度很大。该合作框架通过成立州协调委员会来处理监管非存款类实体时的协调事宜，作为保证协调机制高效运转的重要前提。

续表

主要内容	具体内容
明确综合监管方案和检查计划的内容	单一联系人①需综合考虑各缔约方的意见、各方的检查要求及操作指引，制定和更新综合监管方案。综合监管方案包含以下内容：检查计划；检查对象的风险评估；评估开展检查的资金需求以及如何在各缔约方间分配资金；先前开展检查的结果；审查被检查机构或实体的组织架构、内部控制职能以及外部审计情况；审查尚未办结的问题，例如消费者投诉、执行行动或其他监管要求的遵守情况；监管控制和报告计划；有利于监管协作目标实现的其他内容
协调开展执行行动	各缔约方在开展任何执行行动前的合理时间应尽可能地共享信息或相互磋商。各缔约方依据保护金融消费者的法律采取执行行动时，应在法律允许的范围内尽最大努力相互支持，包括对违法行为进行联合、协同调查或采取联合执行行动。在紧急情况下，CFPB 和州监管机构可未经协商采取行动，但应于行动开始后 48 小时内尽快通知各缔约方
统一监管程序	各缔约方应制定必要的程序和协议，以确保统一化、标准化、一致化和有效性。程序应包括标准化的文件、格式、模板、工作表，以指导和支持监管者完成框架下的工作
明确争议处理方式	单一联系人应尽最大努力解决检查和监管中存在的重大分歧。当单一联系人无法解决上述重大分歧时，应将这一事务迅速提交给 CFPB 的高级官员、州监管机构（监管存款类机构）或 SCC（监管非存款类实体）

资料来源：CFPB 等签订的《2013 年消费金融保护局国家监管协调框架》。

（二）美国中小银行监管协调性现实挑战

长期以来，美国银行监管框架碎片化和重叠化问题始终被各方

---

① 单一联系人和各缔约方的主查人应起草检查计划，包括：检查的重点和领域；与检查有关的信息收集和编辑；在检查开始前的适当时间向被查单位发送调阅清单；适当的人员配置的决定，在 CFPB 和州监管机构之间的资金分配以及检查人员的任务安排；在检查期间协调进行资料调阅的程序；检查组人员与被查单位管理者约见谈话的日程；单独的检查报告，经各方同意的检查报告格式、撰写分工和完成时限；联合检查报告，各方对检查报告进行审查以确保没有内在冲突。

诟病。

理论上，一个强有力的金融监管框架对于促进经济增长和金融稳定，保护美国金融机构的安全和稳健至关重要。然而，监管的分散、重叠和重复可能导致监管不力和效率低下，这对纳税人、消费者和企业来说代价都是高昂的。美国财政部（2017）认为需要进一步合理化和精简美国监管框架，以提高监管框架的效力，进而促进储蓄和增加对经济的投资。

实践上，美国金融监管体系经过 150 多年的发展，通过一系列针对金融危机和市场发展的渐进式立法和政策行动，虽然改革消除了一些监管机构，但它们也创造了新的监管机构。金融监管结构在具有不同使命的监管者之间支离破碎，包括安全与稳健、消费者保护、证券和衍生品市场监管、保险监管和系统风险监管。这种分散导致美国金融监管体系任务重叠和重复，亟须精简和加强监管协调性。

2016 年，政府问责办公室（GAO）发布了一份报告①，其中审查了当前的金融监管结构以及分散和重叠的影响。GAO 发现，现有的监管结构并不总是确保高效和有效的监管、一致的金融监管以及一贯的消费者保护。具体而言，报告得出结论，在监管框架内存在着严重的碎片化、重叠和重复。

存款监管框架中有许多重叠的例子。例如，州和联邦监管机构（包括联邦存款保险公司和联邦储备委员会）共同监督州特许银行的安全和稳健。另一个例子是，作为存款保险基金的管理人，联邦存款保险公司对联邦保险的所有银行和储蓄机构都有后备监管机构。因此，联邦存款保险公司、美联储、货币监理署和州银行监管机构在监管责任方面存在重叠。对于信用社来说，作为合并监管机构的全国信用社联合会与 CFPB 和州监管机构之间存在重叠。这些重叠的领域可能会给被监管实体造成混乱和增加成本，并增加监管机构本身的负担。尽

① 政府问责办公室认为结构复杂零碎。GAO 对不成体系、重叠和重复的定义如下：不成体系，是指一个以上的联邦机构参与同一广泛领域的需求和改善服务提供的机会；重叠，是指多个机构有相似的目标，从事相似的活动或战略，或以相似的受益人为目标；重复，是指两个以上的机构或者项目从事同一活动或者为同一受益人提供相同的服务。

管《多德-弗兰克法》设立 CFPB 的部分目的是为了纠正监管机构在消费者金融保护方面的权力分散，但其在此类事项上的权力并非唯一的，与美联储、货币监理署、联邦存款保险公司、NCUA 和州监管机构的监管活动是重复的。

鉴于这种监管不成体系的情况，加强联邦和州机构之间的协调至关重要。监管机构目前努力协调的例子不胜枚举。如 GAO 所述，联邦银行监管机构、CFPB 和州银行监管机构通过联邦金融机构审查委员会进行协调。此外，1994 年《里格尔社区发展和监管改进法》要求审慎监管机构协调审查。美联储、联邦存款保险公司和州银行监管机构会议（一个州监管机构的非政府协会）签署了一项协议，旨在提供无缝监管流程，并将监管负担降至最低。此外，2013 年，国家银行监管机构会议和 CFPB 制定了一个监管协调框架，为国家监管机构和 CFPB 如何共同监管资产超过 100 亿美元的非储蓄性金融服务提供商和国家特许存款机构建立了一个流程。FSOC 还提供了一个论坛由监管机构召集和合作。

此外，通过金融和银行信息基础设施委员会（FBIIC），网络安全在联邦和州监管机构的广泛群体中得到解决。虽然这些努力增加了监管者之间的协调，但必须改进协调和精简，以确保监管框架的效率和效力。

对此，财政部（2017）建议国会采取行动，减少金融监管的分散、重叠和重复。这可能包括整合具有类似使命的监管机构，并更明确地界定监管任务。加强对所有监管者的问责，应通过指定的董事会或委员会进行监督，或在董事领导的机构中，由行政部门进行适当的控制和监督，包括随意撤职总统的权利。

应扩大金融稳定委员会的法定授权，以便在多个机构可能有冲突和重叠的监管管辖权的问题上，指定一个牵头监管机构作为主要监管机构。这一新的权力将使金融稳定委员会能够在监管和监督政策的协调和指导方面发挥更大的作用。金融稳定委员会也应进行改革，以进一步促进成员机构之间在金融服务政策、规则制定、审查、报告和执行方面的信息共享和协调。

金融研究办公室（OFR）部分是由《多德-弗兰克法》创建的，作为支持金融稳定委员会及其成员推进金融稳定委员会金融稳定任务的独立资源。国会应改革金融研究办公室的结构和任务，以提高其效率和确保更大的问责制。作为本次评估的一部分，财政部建议OFR成为财政部的一个职能部门，其董事由财政部长任命，无固定任期，可随意免职，并且OFR的预算受财政部拨款和预算程序的控制。

第二节　日本中小银行监管逻辑和现实路径

一、日本中小银行监管的历史演变

（一）初步形成期

这一时期为1910~1949年，主要特点是日本中小银行特别是地方银行形成时期。

1910年前后，即明治末年，日本都市银行和地方银行开始分化，直到1920年前后，这一分化更加明显。受到大萧条的冲击，大批日本中小银行特别是地方银行倒闭。对此，日本大藏大臣马场于1933年提出“一县一行”的政策，为之后中小银行的发展提供了方向。1936年，全国地方银行协会成立后，都市银行和地方银行被正式划分开来。“二战”期间，在“一县一行”的思想指导下，日本地方银行逐渐形成并壮大。“二战”结束后，日本地方银行基本实现了“一县一行”。此后，受经济民主化的影响，“一县一行”有所放松，一些县出现几家地方银行，逐渐形成了现在的以地方银行为主的中小银行格局。

1948年，日本内阁为了增加银行存款，以利于拯救破败不堪的经济，决定允许地方银行设立简易店铺。当年，地方银行除分行以外增设店铺2000多个。与此同时，美国占领军当局，为了削弱日本金融垄断资本势力，敦促日本解散家族财阀，加快发展中小银行，日本政府顺其旨意，放宽地方银行设立限制，使得地方银行总行数量也有所增加。受此影响，地方银行总行数量急剧增加，分支机构大幅度扩张，银行之间的竞争加剧，甚至在融资中酿成许多黑市交易、行贿受贿等严重违反法令的现象。1949 年，美国改变对日政策，变打击为扶植，停止实施“解散财阀”政策，允许金融机构实行合理垄断。在这样的大背景下，大藏省制定《银行店铺整备令》。地方银行遵照该法令，大幅度减少分行、支行和办事处数量，从而大大精简了组织机构。

（二）严格监管期

这一时期为 1950 年到 20 世纪 70 年代末期，主要特点是日本进入严格管制时期。“二战”后，面临经济重建资金严重匮乏的局面，日本对各个领域包括银行业实施集中化管理和限制性管制。对于银行业而言，不仅实施严格的分业经营和分业监管，而且对存款利率、地域竞争等方面也进行了限制管理。这无形间保护了刚刚起步壮大的地方银行，使其在管制式有序环境下与都市银行保持了相对平衡，赢得了难得的发展黄金时期。在这一时期，地方银行已演变为地域金融的核心机构，充分满足了战后日本地方经济高速发展的资金需求。

从机构数量看，地方银行从 1946 年的 53 家增加到 1960 年的 64 家，其后变为 63 家。1950 年以后，特别是 1955 年以后，随着经济恢复和发展速度加快，地方银行业务量急剧增加。但是，日本政府并没有头脑发热，允许过分增加地方银行数量及其网点。1949 ~ 1951 年，日本政府仅允许经营状况良好的东北银行、容山银行等 12 家银行加入地方银行行列。地方银行自行撤并 1444 个代理店，增设 957 家分行。1952 年，都市银行增设 174 家分行，相互银行增设 450 家分行，信用公库增设 603 家分行，而地方银行仅增设 98 家分行，可见其发展战略十分慎重。1955 年以后，随着经济进入高速增长时期，银行扩张余地加大，都市银行、专业银行借此机会大量增加网点。但是，地方银行却没有紧步其后尘，而是保持稳定发展的态势。1955 ~ 1965 年，总行减少 1 家，分行减少 147 家。

与此同时，日本第二地方银行仍处于其前身，即相互银行阶段。

相互银行是以股份公司的组织形式建设起来的，其前身是“无尽”组织。相互银行的业务本身限定为中小企业服务、可以向大企业贷款。对同一债务人的贷款额不能超过自有资本的20%或不能超过15亿日元（在二者中选最低者为准），与商业银行不同，中小企业以外的贷款受到限制。再加上日本各地区的差异性，各相互银行的发展明显存在不平衡。但随着传统业务的衰退，相互银行也开始向商业银行转型。

（三）放松监管期

这一时期为20世纪80年代，主要特点是日本进入金融自由化时期，相互银行转型为商业银行。

20世纪70年代末期，日本国内外经济金融形势发生巨变。受金融自由化国际浪潮的影响，日本于20世纪80年代起推行金融自由化，包括取消对银行经营地域、价格等方面的限制，推行利率自由化、资金交流自由化等。在此背景下，地方银行不再受到保护，直接面临都市银行、证券公司等挑战。借助国际化机遇，地方银行也在这一时期进军海外，试图突破地域竞争的局限性。从机构数量看，地方银行在1984年从63家回升到64家，此后变化不大。

与此同时，相互银行转型为第二地方银行。

截至1985年底，相互银行共有69家，设在各地的分支机构共4279个，资金额（存款和应缴款）375486亿日元，融资额30588亿日元。1985年底，在中小企业融资总额中，相互银行占14.5%，信用金库、信用组合等中小企业专门金融机构占22.2%，都市银行和地方银行占50.6%，政府金融机构占8.9%。

相互银行也有与普通银行相同的业务，即吸收存款、票据贴现、汇兑业务、债券买卖、证券投资、债务保证、代理业务、黄金买卖、有担保公司债券信托等。在经济高速增长时期，由于相互银行不断扩大业务范围，政府曾修改过《相互银行法》，允许相互银行经营国内汇兑业务、外汇业务和证券业务。而过去的传统业务[①]衰退，对营业区域的划分被打破，相互银行经营的质量也不断提高，很多指标都达到了地方银行的水平。

在这种情况下，全国相互银行协会在 1984 年 5 月 31 日的有关报告中提出修正相互银行制度，废除相互银行法，把相互银行转变为普通商业银行的要求。1987 年 12 月，金融制度调查会在“制度问题研究报告”中又进一步阐明相互银行的业务与普通银行已无差别，在向中小企业提供资金方面发挥了重要的良好作用，认为继续把相互银行与普通银行相区别已无必要，希望将相互银行一同转变成普通银行或个别银行转变为普通银行。此后又经过一番讨论酝酿，终于从 1989 年 2 月开始实施相互银行转变为普通银行的具体方案。到 1990 年 9 月为止，除松山市的东邦相互银行外，其余 6 家相互银行都已转变为普通银行。

相互银行转变为普通银行后，进一步扩大业务范围，增设新金融商品，提高人员素质和加强与其他银行协作，从而有利于自身的完善和发展。转换后的相互银行统称为“第二地方银行协会加盟行”，即第二地方银行，其性质已和地方银行无差别，但在规模、人才素质、贷款结构、贷款对象等方面和地方银行还存在一定差距。

（四）回归本源期

这一时期为 20 世纪 90 年代至今，主要特点是日本中小银行经历经营危机后，再次回归本源。

20 世纪 90 年代初期，日本泡沫经济破灭。受中小企业破产倒闭产生大量不良债权的影响，日本中小银行经营面临危机，自有资产和抵押品的价值大幅缩水，经营亏损增加，自有资本下降。对此，日本决意改革，重整金融业。从 1996 年起，在前首相桥本龙太郎的倡导下，实施了日本版的“金融大爆炸”，实施大幅度改革。同时，引入了《巴塞尔协议》的银行资本充足率标准，推行了对问题金融机构的

① 即相互存款再贷款业务，和过去“无尽”组织的业务基本相同，先向成员规定一定期限内提供贷款的金额，然后以定期交存的方式缴纳款项，在合同执行过程中或合同期满时提供许诺的贷款额。提供贷款以抽签或其他类似方式进行，也有以签订契约方式进行的。

“早期纠正措施” 等，逐步与国际标准接轨。

1998 年，标准普尔公司鉴于地方银行的海外扩张导致资产质量和盈利能力双双下降，继而调低了群马银行（GunmaBank）、常陆银行（JoyoBank）、千叶银行（China Bank）和静冈银行（Shizuoka Bank）的评级后，同年，以骏河银行、纪阳银行和足利银行为代表的地方银行就纷纷撤出海外业务，关闭了在美国的分行，北陆银行则将其纽约分行降格为代表处。其他地方银行也最终以冷静和现实的态度审视和修正原先的经营方针，不再盲目追求“跨国光环”，将海外业务委托给日本的大银行，专心定位于国内经营。

与此同时，第二地方银行受前期扩张较快和市场竞争加剧的影响，整个行业进入重整阶段。从机构数量上，图 3-1 已充分反映出这一变化。从 20 世纪 90 年代 68 家迅速下降到 2009 年 42 家，此后逐渐下降到 2018 年 39 家。因大正银行、德岛银行于 2020 年 1 月 1 日合并为德岛大正银行，目前第二地方银行数量为 38 家。

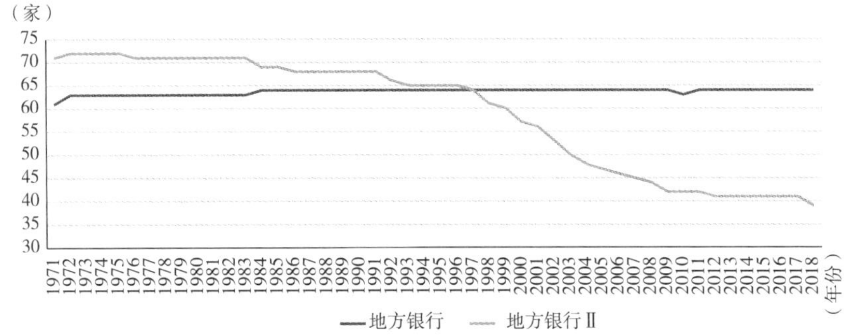

图 3-1 日本地方银行和第二地方银行机构数量变化情况

资料来源：作者根据日本央行网站资料整理。

二、日本中小银行监管的组织架构

日本金融监管框架的特点是由金融服务厅（FSA）牵头统一监管框架。如图 3-2 所示，财政部和日本央行继续发挥重要作用，日本存款保险公司负责实施偿还保险存款和金融援助等实际措施，重组破产银行。

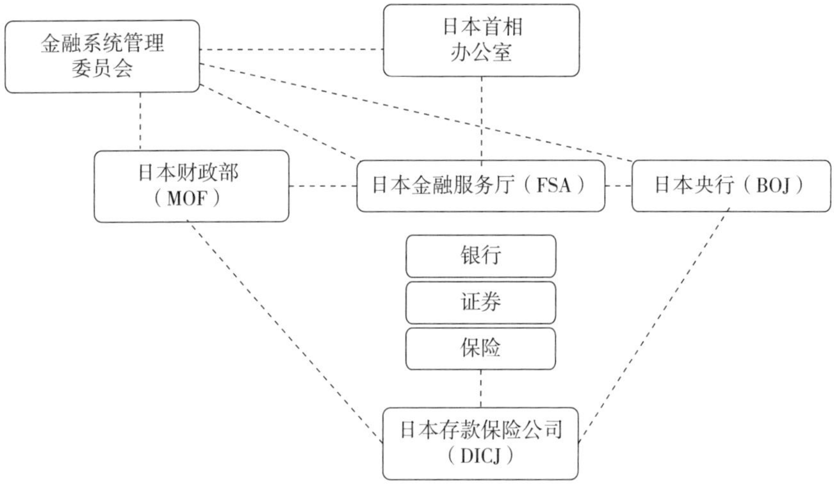

图 3-2　日本金融监管整体框架

资料来源：作者根据日本央行网站资料整理。

各监管主体的分工职责如下：

（1）日本财政部（MOF）。财政部负责管理政府预算，维护日元信誉和外汇市场稳定。尽管财政部在危机管理委员会中仍有一个角色，但由于金融稳定管理局的成立，其监督作用有限。此外，财政部负责该国所有公共实体的预算，包括财政部。财政部有大约 70000 名雇员。

（2）日本央行（BOJ）。作为央行，日本央行的目标是发行货币和实施货币政策。此外，日本央行负责金融稳定，确保资金有效结算。日本央行的主要监管职责是使用现场检查，使其能够履行其金融稳定责任。这些审查的依据是与在中央银行维持存款的所有机构的合同关系。这些机构同意日本央行进行现场检查。这种检查使日本央行能够对金融机构的日常健康状况进行详细了解，为日本央行履行其最后贷款人职能提供必要信息。

日本央行董事会由 9 名成员组成，每名成员任期 5 年，6 名政策委员会成员、1 名日本央行行长和 2 名副行长。总督和副总督由内阁任命，但须经众议院和议会同意。政策委员会的成员也由内阁任命，但须经众议院和议会同意。行长任命日本央行职员。日本央行每半年向国会报告一次。

（3）日本金融服务厅（FSA）。FSA 是内阁办公室的一部分。FSA 负责确保金融体系的稳定；保护存款人、保险投保人和证券投资者；通过有关金融体系的规划和决策等措施，确保金融顺畅；对私营金融机构进行检查和监督。

FSA 由经内阁批准的金融服务部长任命的专员领导。由首相任命的金融服务部长、高级副部长和议会秘书负责监督金融服务管理局的运作。FSA 雇用了大约 1300 人。

1998 年，引入了“迅速纠正行动”（PCA）框架，该框架规定 FSA 根据资本充足率要求向金融机构发布行政命令。除了 PCA 之外，FSA 还有一个“预警系统”，包括深入访谈、报告请求和行政命令，以改进金融机构对信贷风险、市场风险和流动性风险的处理。FSA 还为证券和保险活动设立了主成分分析和预警系统。

FSA 可以在面临困境时采取各种行动。它可以发布行政命令，要求采取各种措施，包括：修改公司的经营计划；减少资产，禁止从事新的业务；停止存款；增加资本；合并或关闭机构。

（4）证券交易监察委员会（SESC）。SESC 是 FSA 下辖的一个委员会，负责对证券公司进行市场监察及实地视察。SESC 有权进行检查，但不得采取处罚等行政行为，FSA 根据 SESC 的建议实施处罚，SESC 有权监督证券公司。议会选举委员会由一名主席和两名委员组成，经参众两院同意，由总理任命，任期三年。所有 SESC 业务的资金都归到 FSA 的预算内。

（5）日本存款保险公司（DICJ）。DICJ 是一个准自治的政府组织，成立于 1971 年，目的是经营存款保险制度。它由一名州长、四名副州长和一名审计员（兼职）组成。官员由首相任命，并经议会两院同意。决策委员会内的政策委员会由不超过八名成员组成，此外还有决策委员会的理事和副理事。经总理和财政部长批准，政策委员会主任任命政策委员会成员，任期一年，可以连任。DICJ 的行政人员任期两年，包括一名州长、不超过四名副州长和一名审计员，由总理任命，须经议会两院批准。

除用于支付和结算目的的存款外，存款保险公司可为每位存款人支付本金为 1000 万日元的存款保险索赔，该保险索赔受全额保护。DICJ 的全资子公司，即处置和收集公司，负责管理和处置从破产金融机构购买的资产。

1998 年，成立了日本人寿保险投保人保护公司，以支持投保人在人寿保险公司倒闭时转让保险单和支付承保索赔。日本所有的人寿保险公司目前都是这个组织的成员。同年，日本财产和意外伤害保险投保人保护公司成立。此外，设立投资者保护基金是为了保护投资者免受因证券公司倒闭而蒙受损失。

三、日本中小银行监管平衡性实践逻辑和现实挑战

（一）日本中小银行监管平衡性实践逻辑

为了促进区域金融发展，提高金融中介和健全性监管的有效性和平衡性，自 2018 年 11 月起，与区域金融机构有关的相关部门已聚集在 FSA 监管局中，实施无缝的非现场和现场监管。FSA 与区域银行进行“询问式对话”，范围包括管理层、外部董事、高级职员、总部员工、分支机构经理、销售人员等各层级人员进行对话。FSA 还与当地利益相关者对话，以收集信息并建立关系，并在全国范围内扩展目标地区。2018 年，FSA 的年轻志愿者发起了一个“区域问题解决方案支持团队”，从解决区域问题进入该领域，并致力于解决该问题。为了系统地支持这些工作，金融服务局设立了本地问题解决方案支持办公室。通过与财政局合作并向区域金融机构咨询当地问题，为解决区域问题以及深化和形成区域经济生态系统做出贡献。

与此同时，日本的存款保险制度是依据《存款保险法》（1971 年）成立，由政府、日本银行和私人金融机构投资建立的。《存款保

险法》旨在通过保护存款人和确保资金结算来维护信用秩序。

存款保险制度是金融机构向存款保险公司支付存款保险费的制度，如果金融机构破产，存款保险公司则支付一定数额的保险金以保护存款人，已被许多国家采用。当存款人在要接受存款保险的金融机构进行存款时，将根据《存款保险法》在存款人、金融机构和存款保险公司之间自动建立保险关系，存款人无须申请存款保险。

（1）存款保险公司的组织和职责。存款保险公司成立于 1967 年 7 月，由政府、日本银行和私人金融机构投资。随后的立法变动，特别是自 1996 年以来因经济形势严峻而反复进行的立法变动，极大地扩大了业务的范围和组织的规模。

在存款保险公司，有关存款保险系统运行的重要事项由指导委员会决定。指导委员会由具有金融专业知识和经验的成员（最多八名成员）以及存款保险公司的董事长（指导委员会主席）和董事（最多四名成员）组成。

截至 2010 年 4 月 1 日，存款保险公司拥有一个由七个部门和两个房间组成的组织（主管和雇员的人数为 364 个）。它接受了来自司法和行政部门、日本银行和金融界的大量人力资源，并具有“跨领域专家组”的美誉。

除存款保险制度外，还有保护存款人和保单持有人等制度（安全网），如表 3-8 所示，并由以下机构负责。

表 3-8　日本安全网设计（除存款保险制度外）

管理实体	目标（参与）机构
农渔合作社储蓄保险组织	Norinchukin 银行、农业合作社、渔业合作社等
日本投资者保护基金	证券公司
人寿保单持有人保护组织	人寿保险公司
普通保险保单持有人保护组织	非寿险公司

资料来源：作者根据日本存款保险公司网站资料整理。

日本存款保险公司的主要职责如表 3-9 所示：

表 3-9　日本存款保险公司的职责

职责	业务内容
破产时顺利处理的举措	保费的存储 数据收集（现场检查、系统验证、指导和建议）
金融机构破产时的处理	支付保险金和临时付款（固定金额保护） 救援金融机构的财务支持（固定金额保护） 与财务收货人等有关的职责 与后继银行的业务管理有关的业务 购买应收账款，例如定金 充分保护存款等，以应对金融危机和特殊危机管理
解决并追究责任后的恢复业务	对负责收集操作的收集组织的指导和建议 调查与恶意债务人有关的财产 履行破产金融机构前经理的民事和刑事责任
为健康的金融机构增加资本	增加资本以应对金融危机 增加资本以加强财务职能

资料来源：作者根据日本存款保险公司网站资料整理。

目前，金融机构的增资包括基于《存款保险法》（存款保险制度）的增资和基于 2008 年 12 月修订的《金融职能增强法》的增资。

此外，自 2008 年 7 月起，存款保险公司根据《从犯罪定金账户中的资金支付损害赔偿分配法》（《转移欺诈救济法》）建立了损害赔偿分配的付款程序。

存款保险公司子公司（见表 3-10）：

1999 年 4 月，存款保险公司成立了清算与征收公司作为全资子公司。1999 年 4 月，住房抵押贷款应收账款管理机构（该机构旨在解决 7 家住房金融公司和票据交换清算银行）成立了票据交换所，并由存款保险公司设立为全资子公司（资本金 2120 亿日元）。

2009 年 10 月，存款保险公司成立了公司振兴支持公司作为子公司，于 2013 年 3 月改组为区域经济振兴支持公司。

2012 年 2 月，存款保险公司成立了东日本大地震业务复兴支持组织。

表 3-10　日本存款保险公司的子公司

公司名称	业务内容
清算与征收公司	从存款保险公司委托的倒闭金融机构购买和收回不良贷款，与金融机构增资有关的业务等，购买和收回无法收回的贷款，进行后续的银行业务等
区域经济振兴支持公司	为拥有有用管理资源且债务过多的企业购买金融机构等持有的信贷 建立和管理每个基金的运营公司（业务振兴、区域振兴）
东日本大地震业务复兴支持组织	为寻求振兴灾区业务的企业购买金融机构等持有的贷款

资料来源：作者根据日本存款保险公司网站资料整理。

（2）存款保险制度所涵盖的金融机构。存款保险制度所涵盖的金融机构是总部在日本的以下金融机构（目标金融机构）。即《银行法》规定的银行、《长期信贷银行法》规定的长期信贷银行、信用金库、信用合作社、劳动金库、信金中央金库、全国信用合作社联合会、劳工银行联合会、商业和工业中央银行。

但是，上述金融机构的海外分支机构、政府所属的金融机构以及外国银行在日本的分支机构均不受存款保险制度的保护。换言之，这些金融机构的海外分支机构也不会享受存款保险。此外，外国银行在日本的分支机构也没有资格。另外，如果金融机构在日本设有总部，则即使它是外国金融机构的子公司（外国金融机构的日本公司）也有资格。

Norinchukin 银行、农业合作社、渔业合作社等受到“农业和渔业合作社储蓄保险制度”的单独保护。

证券公司加入了投资者保护基金，人寿和非人寿保险公司也加入了保单持有人保护组织。

（3）存款保险制度涵盖的存款。涵盖范围包括：存款（活期账户、储蓄账户、特殊存款、定期存款、通知存款、税收储备、储蓄存款）；定期存款；保费以及涵盖本金的带有合同的货币信托（包括大额贷款信托）金融债券（仅限于专门用于托管的产品）。不包括以下存款：外币存款；可转让的存款证；金融债券（融资债券和托管合同已终止）；在国际特殊金融交易账户中占的存款（离岸存款）；日本银行的存款（不包括国库钱）；目标金融机构的存款（不包括与定额养恤金准备金管理有关的存款）；JHF 的存款；无记名存款；其他/虚拟名称存款以及介绍性存款等。

（4）受存款保险制度保护的范围（见表 3-11）。如果金融机构倒闭，受存款保险保护的存款等范围如下：

用于结算的存款，例如“支票账户”和“不节省利息的普通存款”。满足以下三个条件的存款：第一，能够提供结算服务；第二，能够随时要求退款；第三，（无法赚取利息）得到充分保护。

一种用于计息普通存款，定期存款，保费，把带有本金合同的货币信托（包括大额贷款信托）和金融债券（仅限于托管产品）的每个存款机构合并起来，每个存款人的最高本金为 1000 万日元，并且保护直到破产之日的利息。

表 3-11　日本存款保险公司的存款保护范围

<table>
<tr><th></th><th colspan="2">存款等的分类</th><th>保护范围</th></tr>
<tr><td rowspan="2">存款保险所涵盖的存款</td><td>交收保证金</td><td>往来账户，无息普通账户等</td><td>全面保护</td></tr>
<tr><td>一般存款等</td><td>计息储蓄存款、定期存款、定期存款、涵盖本金合同的货币信托（包括大笔贷款等贷款信托）、金融债券（仅限于用于保管的产品）等</td><td>直至破产之日为止的本金和利息的最高保护总额为 1000 万日元

超过 1000 万日元的部分根据破产金融机构的资产状况支付（可能会被切掉）</td></tr>
<tr><td>存款保险未涵盖的存款</td><td colspan="2">外币存款、可转让存款证、金融债券（终止提供的债券和托管合同）等</td><td>根据未受保护的破产金融机构的财产状况付款（可能会被切掉）</td></tr>
</table>

资料来源：笔者根据日本存款保险公司网站资料整理。

如果金融机构合并或接管其所有业务，则受保护的存款等的金额不得超过“1000万日元×涉及合并等的金融机构的数量”。例如，两银行合并的情况下为2000万日元，除利息外，固定期限收益补偿、货币信托中的利润分配等也受到保护。

（5）处理不受存款保险制度保护的存款。根据结算金融机构的资产，本金超过1000万日元的结算存款以外的其他存款，不属于保险范围的存款以及应受保险支付的这些存款的利息，由于破产程序，将支付股息和股利，因此可能会进行一些削减。

（6）存款保护机制的方法。作为金融机构破产时的存款保护机制，有两种方法。方法一是保险支付方法。代理机构直接向存款人支付押金以保护押金等的一种方法。方法二是融资方法。以另一家健全的金融机构（救援金融机构）接管发生故障的金融机构的部分业务的方式保护存款等，并为此目的向救援金融机构提供必要的资金。

在这两种情况下，存款等制度对存款等的保护程度是相同的，但是在保险支付方式中，破产程序将与破产机构结合以中止金融职能并清算。另外，在财务援助方法中，将发生故障的金融机构的某些财务功能转移到救援金融机构并由其维护。

根据金融理事会的报告，“如果金融机构破产，重要的是选择一种处理方法，这种处理方法有望降低解决成本并最大程度地减少因故障造成的破坏。作为金融机构的解决方法，应优先考虑提供财政援助，并应尽可能避免激活保险支付方法”。

触发存款保险有两个原因（保险事故）：一是暂停金融机构的押金等退款（一级保险事故）；二是取消金融机构的营业执照，决定启动破产程序或解决解散（二级保险事故）。

对于新进银行、新进银行联合会、劳工银行或劳工银行联合会，取消其营业执照。如果是信用合作社或信用合作社联合会，则下令解散。

如果发生一级保险事故，则通过向储户支付保险金的方法（保险支付方法）或向救济金融机构提供财务援助的方法（财务援助方法）来保护被保险存款。一级保险事故发生后的一个月内，指导委员会将决定保护的类型，但可以在一个月内延长。如果发生二级保险事故，则倒闭的金融机构的财务职能将消失，并采用保险支付方式。

在固定金额保护下，除保险存款外的存款和应收款项将根据破产金融机构的资产进行偿还。在金融机构破产的情况下，为了维持这些存款人与其他债权人之间的平等并防止财产外流，将对提取存款和保护财产等操作施加限制，并为此使用破产法。

保险付款方式的保护基于这样一个事实，即存款保险公司根据发生保险事故的金融机构提交的存款人数据，在保险事故发生之日指定每个存款人的被保险存款，根据该人的要求将保险金的金额作为保险金支付。

保险金的支付程序为：在采用保险支付方式保护的情况下，存款保险公司将由指导委员会确定保险金的支付期限、支付地点、支付方式、支付处理时间等，并将在官方公报上予以公告。这些事项也将发布在存款保险公司的网站上，使存款人知晓。

保险金的支付方式有两种：直接支付和间接支付。一方面，如果直接向存款人支付保险金，则存款保险公司将保险付款通知书、发票邮寄给存款人，注明保险金的金额等，根据黄金索赔支付保险金。另一方面，在存款设定方法的情况下，存款保险公司将存款存入发生故障的金融机构以外的金融机构，并将应收存款转给存款人（执行存款存折等）。支付保险索赔的具体程序将视具体情况而定。

为了使存款人获得保险金，存款人必须在保险金的支付期内向存款保险公司索取保险金。如果存款人未在付款期内提出索赔，则除非存款保险公司认为发生灾难或其他不可避免的情况，否则他或她将无法获得保险金。同样，在破产金融机构的破产程序中，收到破产股息和还款额具体取决于金融机构资产的状态。

日本存款保险支付流程如下：

①发生保险事故。

暂停金融机构的存款等退款（一级保险事故）；取消金融机构营业执照，决定启动破产程序或解决解散（二级保险事故）。

②事故通知（失败的金融机构→存款保险公司或金融服务机构专

员→存款保险公司）。

③以组织指定的格式提交存款人数据等（失败的金融机构→存款保险公司）。

④保险金额计算（存款保险公司）。

⑤付款/公告决定（存款保险公司）。仅在金融机构中止存款退还的情况下才需要（一级保险事故）。

⑥公告（存款保险机构）。

⑦付款通知书（存款保险机构→存款人）。

⑧付款请求（存款人→存款保险机构）。

⑨保险金的支付（存款保险机构→存款人）。

财政支持的保护：关于保险费用。在财务援助系统的情况下，当抢救金融机构接管因合并等原因而倒闭的金融机构的保险存款时，存款保险机构通过向抢救金融机构提供金融援助来保护被保险存款。根据法律确定存款保险公司是否提供资金时，预计将需要存款保险公司的财务状况以及预期的资金成本和保险索赔的支付必须考虑费用（称为“索赔支付费用”），并且必须考虑对存款保险公司资产的有效利用。保险金的支付费用是由存款保险公司根据金融机构破产并根据保险金支付方式提供保护时的预计保险金总额以及预计应支付的全部费用计算的。通过减去在破产程序中针对保险金获得的存款和其他索赔的预期回收金额（预期的破产股息）来计算：保险金成本=预期保险金+预期保险金支出-预期破产股息。

关于经济援助程序。在使用财务资助方法的情况下，存款保险公司会根据发生故障的金融机构提交的存款人数据，在保险事故发生之日为每个存款人确定被保险存款，并加以说明。存款人可以从发生故障的金融机构以保险的存款金额内退还押金等，直到救援金融机构等合并为止。

关于股权资金和额外资金。在破产金融机构转移部分业务或将保险存款转移到救援金融机构等的情况下，保证向破产金融机构剩余贷款的债权人还款，并确保破产金融机构的债权人有抵押。向因捐款失败的金融机构提供财务援助（股权财务支持）。

为了符合条件，合并必须同时满足以下三个条件：①进行合并等的事实有助于保护储户和其他债权人。②存款保险公司提供的资金对于进行合并等是必不可少的事实。③如果与合并等有关的失败金融机构的业务被取消或解散，而没有执行合并等，则该失败金融机构经营所在的地区或领域的资金流动畅通。供求和用户便利性可能会大大受损。

关于协助方法。救济金融机构可以通过以下任何方式申请金融援助：①金钱的礼物；②贷款或存款；③购买资产；④债务担保；⑤承担债务；⑥承销优先股等；⑦损害保障（所谓的损失分担）。

关于申请经济援助和所需程序。已获得金融服务局局长的合并等资格或已被邀请合并的救援金融机构可以向存款保险公司申请财务援助。申请承销优先股等的承保时，有必要提交计划书，其中定义了确保良好财务状况的措施。收到申请的存款保险公司由指导委员会决定是否提供协助、金额、方法等。为了通过承销优先股等提供财务支持，必须获得金融服务局局长和财政部长的批准。根据这一决定，存款保险公司将与救援金融机构和破产金融机构缔结金融援助协议，并提供金融援助。

关于损坏安全。为了能够迅速解决，存款保险公司将主动采取行动，以确保由于未能接收到救援金融机构从失败的金融机构转移而来的全部或部分应收贷款而导致的损失。在某些情况下，签订合同以弥补部分损失（损失=损失分担）。在这种情况下，如果为应收合同的应收款项提供给救援金融机构等的利益，则应订立合同将部分利润支付给存款保险公司（利润分享=利润分享）。在执行损害赔偿担保合同时，有必要管理损失和利润，因此还必须考虑行政成本等，并且由救援金融机构决定是否实际签订合同。基于这些因素，将根据具体情况做出决定。

（二）日本中小银行监管平衡性现实挑战

由于低利率环境的持续和人口下降的趋势，中小银行的经济环境逐年恶化。因人口减少，某些地区的市场规模将在 10 年内缩小近

30%，继续依赖于贷款量增长的商业模式是不可能的。从 2018 年度财务报告来看，大多数区域银行有赤字，其中 52 个连续赤字和 23 个超过 5 个期间的赤字。还有一些地区性的中小银行，在盈利能力和稳健性方面存在严重问题，需要在短期内立即采取行动改善业务，保持稳定。对此，FSA 认为在过去五年，日本区域银行应对决策和执行的速度根本不够，需要进一步督促每个区域银行无论是在高层管理人员的领导下，还是继续独立运作，抑或是通过业务联盟等业务整合形式，扩大金融服务范围，要从根本上重组组织，提高稳健性和金融中介水平。

日本中小区域金融机构，特别是未上市的银行和合作金融机构，由于市场难以进行管理检查，公司治理相对较弱。从前期相关案例来看，暴露出“创始家族的长期管理”“高层管理者的过度一人管理”“向特定大型客户提供贷款”等一系列问题，严重损害了中小区域金融机构经营的健全性。除了督促中小区域金融机构加强自身信息公开和内部治理能力以外，FSA 还采用早期纠正措施和预警系统，建立基于更多元化因素的综合监管体系，包括公司治理、管理质量、对当地社区和商业伙伴的承诺（区域性贡献）等。

2019 年，日本 FSA 重点就区域银行的内部审计进行监管，督促银行高管层认识到内部审计的重要性并积极参与其中，向内部审计部门战略性地分配专门人力资源和管理资源，要求基于风险的业务审计应安排在董事会会议上进行讨论。为了更好地促进这一工作，日本 FSA 打算未来有必要与管理层、外部董事、公司审计师、审计人员等进行对话，讨论内部审计复杂性等具体措施。

从 2019 年开始，日本 FSA 实施新的预警系统，并于 2019 年 4 月 3 日宣布了与预警系统有关的监管准则修订草案，以鼓励需要改善其“健全性”的银行尽快改善其管理。在将来的某个时期内，核心业务净利润（不包括取消投资信托所产生的损益）将继续处于亏损状态，或者预计将低于最低资本比率。修订草案主要内容包括着眼于未来利润而不是当前状况，以便更快地做出响应；不仅要考虑利润，还要考虑各种事件的模拟；明确要关注的指标和今后的重点（地区经济的预测、实施措施的效果、减值等追加费用的可能性）。

四、日本中小银行监管差异性实践逻辑和现实挑战

（一）日本中小银行监管差异性实践逻辑

日本对于大型银行与中小银行实施差异性监管措施。日本 FSA 专门指出大型银行与中小银行的差别所在。一方面，大型银行的规模很大，对日本经济影响很大，经常从事国际金融活动，提供了世界上最高水平的金融服务，为日本经济的发展和人民生活的改善做出贡献。对此，大型银行在风险管理方面采取了先进的措施，这既是金融中介的基本需要，也是为了提高用户便利性和自身国际竞争力，故监管层面对大型银行的业务类型进行适当的监管是有必要的。另一方面，中小区域银行业务范围有限，主要贷款给小型企业或个人，或是开展与特定领域和行业紧密相关的业务。其基本特征在于关系银行模式，即银行通过与客户保持长期关系所积累的信息优势，从事借贷等金融服务。这一模式根植于中小企业和本地经济实际情况，有利于确保本地中小企业财务的平稳性以及借款人的稳健性，从而促进中小企业和振兴地方经济。基于这一监管逻辑，FSA 出台了两套监管指南，分别为《大型银行综合监管指南》和《中小区域金融机构综合监管指南》。

2003 年 3 月 27 日，为解决中小区域金融机构的不良贷款问题，日本财政小组委员会发布了“加强关系银行业务计划”。根据该计划，除了考虑常规的早期纠正措施和预警系统，如每个金融机构的资产、股本、盈利能力、公司治理和管理质量、流动性风险和市场风险之外，基于更多元化的评估，建立一个全面的监督系统，还考虑区域贡献对盈利能力和财务稳健性的影响，并采取适当的监督措施和业务改进，FSA 制定了《中小区域金融机构综合监管指南》。

近年来，针对人口减少和社会老龄化带来的严峻挑战，为进一步提升日本中小区域金融机构的未来可持续盈利能力和稳健性，日本 FSA 于 2019 年 4 月发布《中小区域金融机构综合监管指南》（以下简

称该指南）修订草案，向公众征求意见后，于 2019 年 11 月公布最终监管指南。该指南对中小区域金融机构的基本思路、监管评估项目、注意事项、银行代理、合作金融机构进行了规定。该指南对于经营管理、财务稳健性、早期纠正措施、综合风险管理、风险预警系统、业务适用性等方面做出了重点监管评估要求。

为了促进中小区域金融机构的社区融资功能，FSA 更是运用监管激励约束手段。第一，并不是简单地从短期角度评估各个方法的量化绩效，而是从中长期角度基于社区能否促进整个组织发展的角度出发，重点对管理计划和系统准备等方面进行评估。第二，FSA 试图打造一个基于个体金融机构的规模和特征来施展独立性和创造力，以促进社区金融服务的环境。通过各种听证会，在跟进每个金融机构基于社区的财务工作状况的同时，鼓励每个金融机构通过建设性地交换意见来行使其自主权和创造力。在听证会上，通过制定、执行和评估管理计划等各个阶段，重点关注管理计划等的定位和内容、进度状态、工作成果以及下一个管理计划等方面。第三，采取举行各种会议等措施，促进金融机构之间的知识和专有技术共享，以促进其区域金融服务的动力和环境。第四，每年将进行一次调查，对区域金融机构基于区域金融计划进行评估、公布结果，并要求其进行整改。第五，FSA 加强与中央和地方有关部门的合作，如中小企业局、经济贸易工业局，共同采取措施，支持区域性中小企业并振兴当地经济。

（二）日本中小银行监管差异性现实挑战

一是业务继承。随着出生率的下降和人口老龄化，停业和倒闭的公司数量逐年增加，顺利进行业务继承对于日本经济来说是比较紧迫的问题。从促进业务继承的角度出发，日本 FSA 放宽了投票权的限制（所谓的 5%规则），并决定银行等可以对通过投资专门子公司成功开展业务的公司投资 5%或 100%以上。但是这还远远不够。针对业务继承，FSA 还将与相关组织合作制定其他规则。对此，日本中小企业建立了业务转移支持中心数据库，并将日本金融公司和日本贸易振兴机构等公共机构以及金融机构和税务会计师等私营部门所拥有的信息纳入数据库。FSA计划通过允许企业直接注册和浏览数据库中的信息来加强全国范围的企业匹配。

二是与遗嘱相关的信托审查和经营批准问题。随着人口的老龄化，遗嘱信托和遗产合并等与遗嘱相关的服务的需求不断增加，区域银行也越来越多地寻求信托业务。目前监管标准还不是很明确。如现有FSA监管指南规定“将分配具有信托业务等经验的人员”作为“业务绩效能力考试标准”的示例。

三是与金融中介职能相关问题。2019年，FSA通过“对话”建立了“区域生产力改善支持团队”，以促进区域银行的金融中介职能的进一步履行。对于振兴地区经济或支持当地经济必不可少的地区公司，支持这些企业、工商业团体、地方政府等在相互有机联系的同时支持地区经济，即所谓的“区域经济生态系统”。目前，这一项目还在实施当中，效果有待观察。

五、日本中小银行监管公平性实践逻辑和现实挑战

（一）日本中小银行监管公平性实践逻辑

日本金融体系由中央银行、民间金融机构和政策性金融机构等构成。中小银行的概念属于民间金融机构范畴内。

日本存款保险机构（Deposit Insurance Corporation of Japan，DICJ）统计，截至2020年2月10日，共有银行136家。其中包括都市银行5家（瑞穗银行、三菱日联银行、三井住友银行、理索纳银行、埼玉理索纳银行）、信托银行14家、地方银行64家、第二地方银行38家、其他银行15家；信用金库255家；信用合作社145家；劳动金库13家；联合会3家；其他1家。

日本监管体系的一个突出特色在于，有大量的非正式监管组织，即行业协会。这些协会属于自愿性协会团体，受自律机制约束，旨在提高各行业在经济中的地位，并通过政治游说保护自身利益。比较有名的包括：日本银行家协会、日本区域银行协会、日本国民银行协会、

日本人寿保险协会、日本一般保险协会、日本证券商协会、日本商品期货协会、日本金融服务协会和日本证券投资顾问协会。

涉及中小银行的主要是两个协会：一般社团法人全国地方银行协会（简称“地方银行协会”）和一般社团法人第二地方银行协会（简称“第二地方银行协会”）。作为地方银行和第二地方银行的管理机构，两大协会主要职责是帮助所有地方银行解决共同面临的各种管理问题，其目的在于帮助其健康发展，从而为当地经济做出贡献。一是为地方银行建立业务战略提供信息和帮助；二是扮演实业的代理人和窗口；三是改进合作和发展；四是为地方银行间提供信息交流的平台；五是进行调查和科学研究；六是提供教育服务。

（二）日本中小银行监管公平性现实挑战

由于出生率下降和人口老龄化、持续的全球低利率环境、技术创新带来的新竞争等因素导致国内市场萎缩，金融机构特别是中小银行的经营环境变得更加严峻，风险也有所增加。目前日本区域银行主要面临的挑战包括：一是向客户提供服务附加值不高，主要从事存款、借贷、保险、投资信托柜台销售、证券业务等传统银行业务；二是国内市场萎缩和持续低利率环境，利润环境变得更加严峻；三是当地城市人口进一步老化和公司数量下降，贷款需求下降，盈利能力将继续下降；四是金融科技等兴起创造新的金融业务，降低进入不同行业的金融业务的门槛，与传统金融机构的竞争加剧；五是新冠肺炎疫情的突袭下，传统客户“面对面”联系方式受到了挑战，传统银行信息收集和利用模式需要改进。

在这种环境变化下，中小银行亟须建立可持续的商业模式，确保未来的稳健性，并建立面向未来的适当合规和风险管理系统。在这一过程中，如何更好地提高中小银行可持续盈利能力和稳健性，是亟待解决的问题。

从监管公平性角度来看，日本监管层并非是限制金融科技类创新进入，而是立足长远，促进数字化和开放 API 系统，推动区域银行建立可持续的商业模式。FSA 认为，促进区域银行数字化非常重要。区域银行通过积极引入人工智能和云计算等新一代技术，利用及时的信息收集进行营业活动，实现更高效率的业务运营。据测算，引入新一代技术后，区域银行有望在2033年前，核心业务净利润提高1400亿日元，核心业务净利润赤字的目标也有减少的可能性。同时，新一代技术的引入，能够缩小与FinTech企业等的差距，从而提升竞争力。

FSA指出，在利用新一代技术建立区域银行新业务模型上，需要注意五个方面，即包括总裁在内高管层的承诺、能够持续投资的管理实力、建立促进跨组织改革和资源分配体系、确保实施IT战略规划和开发系统的专业人力资源、建立有效汇总和利用客户信息的数据基础架构。其中，高管层的承诺尤为重要。高管层必须了解数字化技术的必要性和影响，还必须了解引入和推广数字化技术的速度以及有关优先级的管理决策。

作为新一代技术的核心技术，开放式API系统有利于区域银行与金融科技公司合作，从而提供各种新服务的技术，已得到广泛关注。截至2019年3月31日，130家银行宣布将开发支持开放API的系统，其中95家银行已进行了系统修改并准备好连接到API。

新一代技术有利于巩固和拓展区域银行的信息优势，更好地利用与地区经济关系网络，发挥“区域平台”的功能。一是信息收集。区域银行与本地公司和以本地为中心的个人客户进行互动时，有必要建立一个可以适当有效地收集信息的环境和系统。通过利用互联网、智能手机等非面对面渠道为中心的新技术收集信息，而不是以面对面联系为中心的收集信息，实现高效的数据存储和管理，不仅能够收集到目前为止无法获得的信息，如公司客户的交易数据和库存的及时状态等动态信息等，而且还能挖掘出客户的潜在需求，如了解来自爱好和偏好的预期行为等。二是信息利用。区域银行利用这些信息，可以及时掌握融资和投资的需求，满足现有业务合作伙伴的潜在需求，实现交叉销售，仅用存款这一种产品，完成交叉销售，深化现有的客户交易。此外，根据现有业务伙伴的信息具有相同的属性，进一步挖掘新的潜在客户，并扩大新的潜在客户群。三是高效的业务运作。除了常规的银行业务外，可以更有效地实现收集和利用上述信息进行业务运作。从客户的角度看，通过互联网进行以往线下处理的业务，如贷款等，并能够更快地发放贷款。从银行的角度看，可以减少网点数量和人力成本，实施无纸化办公，还可以通过AI和机器学习，收集大量案例，提高工作效率和准确性，实现高效的业务运营。

针对区域银行数量逐年下降的趋势，以及开放API系统等实施，有观点认为可在全国范围内有一家统一的“区域银行”公司，并利用新一代技术收集和利用本地化信息来履行每个区域银行的使命，以振兴区域经济。但日本FSA明确反对这一观点，认为是不可能的。理由是尽管许多区域银行的参与，使集中办公的平台实现更高效的业务运营，但与一线业务密切相关的信息的收集和利用，仍取决于每个区域银行的客户联络网络和当地经济的特点。从监管公平性的角度，日本FSA认为现有区域银行应当引入新一代技术，建立可持续性商业模式，以加强竞争力。

六、日本中小银行监管协调性实践逻辑和现实挑战

（一）日本中小银行监管协调性实践逻辑

1998年，日本出台《新日本银行法》，开始了一系列金融监管改革。1998年6月，成立金融服务厅，将金融监管权从大藏省分离出来。同年12月，在金融监督厅之上成立金融再生委员会，大藏省仍然保留金融政策制定权。2000年7月，成立金融厅，将金融监管权和金融政策制定权统一。2001年1月，撤销金融再生委员会，金融服务厅实现了金融监管权、金融政策制定权和问题金融机构处置权三权统一。根据新《日本银行法》第44条规定，日本银行为了行使职权可通过对金融机构的检查。因此，日本实际上实施的是金融服务厅与日本银行的双重监管模式。

日本政府在经历了泡沫经济崩溃和亚洲金融危机后，成立了高级别的监管协调机制，提高金融监管的有效性。金融危机前，日本监管主体之间并没有签订谅解备忘录。但是，针对金融危机管理，日本有

其独特的协调机制——金融系统管理委员会（Financial System Management Council，FSMC）。FSMC 成员包括日本首相、内阁官房长官、金融服务部长、财政部长、金融服务专员以及日本央行行长。FSMC 只有在日本政府认为金融机构面临严重的流动性或偿付问题需要介入时才会由日本首相召集启动。自设立以来，FSMC 仅召集过两次。根据规定，日本央行可应总理和财政部长的请求，按照 FSMC 的决定，为破产的金融机构提供无担保贷款。FSMC 对于如何改进本国金融体系拥有建议权，可应总理、金融服务局局长以及财政部长要求，对现有金融体系进行评估，探讨立法改进方案，以及中长期的金融体系改善报告。

（二）日本中小银行监管协调性现实挑战

目前日本金融监管当局之间没有明确的谅解备忘录。有关金融体系的一般性建议通过金融体系委员会提供，该委员会应总理、金融服务管理局局长或财政部长的要求，对金融体系进行广泛的审议。理事会审议了需要改进涉及立法措施的金融体系的事项，并从中长期角度提出了关于金融体系的报告。

为减轻金融机构的负担，FSA 与日本央行合作，将两家监管机构的报告数据进行组织和整合，从而通过彼此之间共享数据的系统来消除重复的报告。为了面向未来的数字社会，利用信息技术等来适当地监测金融机构的这种变化，致力于构建一个使双方都受益的系统（RegTech / SupTech 生态系统）。

第四章　我国中小银行监管的历史与现状

第一节　我国中小银行监管的历史演变

一、我国中小银行演变的历次转型

(一) 农村金融机构的七次转型

1. 第一次转型：成立农村信用合作社

由于特殊的历史背景，改革开放之前，农村信用社的发展也伴随着我们国家和社会的发展而发展，其自身也就有了独特的发展轨迹。农村信用合作社曾迎来了全面发展浪潮。

从中华人民共和国成立到20世纪50年代后期，作为农商行的前身，农村信用合作社在这一段时间里实现了从无到有到繁荣。

1950年，中国人民银行和全国合作社联合会提出在华北地区建立试点信用合作社。

1951年，中共中央批转《全国信用合作会议的报告》，明确指出单独组织农村信用社，统一由银行领导。

1951年5月，中国人民银行召开第一次全国金融大会，决定大力发展农村信用合作社。

1955 年，中国人民银行颁布了《农村信用社章程》。

在国内经济复苏、市场经济发展迅速的大环境下，国家政策的引导使得合作的金融机构不断涌现。1957 年，农村信用社共有 88000 多家，存款总额 20.3 万元。

1958 年到党的十一届三中全会，是农村信用社曲折发展时期。

1958 年，中共中央、国务院发布《关于适应人民公社化形式改进农村财政贸易管理体制的决定》，国务院发布《关于公社信用部工作中几个问题和国营企业流通资金问题的规定》，决定将设立在人民公社的银行营业所和农村信用合作社合并，组成公社信用部。

1959 年，中共中央发布《关于加强人民公社信贷管理工作的决定》。决定把原来的信用社从公社信用社分出，下放给生产大队，成为信用分部，由生产大队和公社信用部双重领导。

1962 年，中共中央、国务院批转中国人民银行《关于农村信用合作社若干问题的规定》，明确提出信用社是农村人民的互助组织，是国家银行的助手，是我国社会主义金融体系的重要组成部分。该规定重新界定信用社性质，使农村信用社具有独立性。

1963 年，中国政府重新设立了中国农业银行，由中国农业银行来管理农业和农业贷款，信用社实际上由农业银行来管理。然而，1965 年 12 月，中国农业银行再次被撤销。

1977 年，国务院发布《关于整顿和加强银行工作的几项规定》，提出信用社既是集体金融组织，又是国家银行在农村的基层机构。

从监管职权来看，鉴于当时的经济体制和金融发展规模，不存在现代意义上的农村信用社监管。1950 年 11 月，政务院批准的《中央人民政府中国人民银行试行组织条例》规定在中国人民银行总行设立检查处，专门行使国家对金融业的监督管理职能，人民银行对农村信用社的监督管理职能也是通过在其会计部门设置的这一检查处来实现的。这个时期我国农村金融业呈现结构单一的特点。除作为政府支农资金的代管部门——中国人民银行、少数几家专业银行和农村信用社外，基本上不存在其他的农村金融机构。我国农村金融制度始于 1951

年全国第一次农村金融工作会议，农村信用社得以保留并继续扩展，此后一段时间农村信用社由中国人民银行管理。，1958~1962 年先后归人民公社和生产大队管理，1963~1978 年又重归中国人民银行管理。在这一时期，农村基层金融业务主要依靠农村信用社，与当时的经济发展水平相对应，农村信用社的业务规模不大。

2. 第二次转型：尝试将农村合作金融组织转变为独立的经济实体

1978 年党的十一届三中全会后，随着我国农村经济体制的改革，农村信用社也获得了较快的发展，进入恢复时期。

归口管理部门历经数次变更。1979 年前，农村信用合作社一直由中国人民银行管理。1979 年中国农业银行恢复后，国家将农村信用社定为中国农业银行的附属机构。农业银行对其进行内部管理，中国人民银行对其实施行政监管。

1979 年，中共中央办公厅转发中国人民银行党组《关于建议修改〈农村人民公社工作条例（试行）〉中有关信用社问题的报告》，同意将农村信用社更改为“是集体金融组织，又是农业银行的基层机构。办理农村各项金融业务，执行国家金融部门的职能任务”。

1980 年 8 月，中央财经领导小组讨论银行工作时指出：“把信用社下放给公社办不好，搞成‘官办’的也不对，这都不是把信用社办成真正集体的金融组织。信用社应该在银行的领导下，实行独立核算，自负盈亏。它要办的灵活一些，不应受银行一套规定约束，要起民间借贷的作用。如果把农村信用社搞活了，供销社搞活了，农业责任制搞活了，三者一配套，社员的家庭副业也就搞活了，这将大大有利于农村经济的发展。”

农业银行据此于 1982 年开始不再将农村信用社当成附属机构，而是将其作为独立的经济实体来管理。1982 年 10 月，中国农业银行中央委员会召开了三次扩大会议。会议重申农村信用社要坚持合作金融，强调要恢复信用社的“三个特征”（群众组织、民主管理、业务灵活性），不再走“官本位”老路。随后农村信用社恢复了在组织结构和经营管理方式上的高效特性。

1984 年，国务院批转中国农业银行《关于改革信用合作社管理体制的报告》（国发〔1984〕105号）指出，要通过改革，恢复和加强信用合作社组织上的群众性、管理上的民主性、经营上的灵活性，在国家方针、政策指导下，实行独立经营、独立核算、自负盈亏，充分发挥民间借贷的作用。各级人民政府要加强对这项改革的领导，注意研究解决改革中出现的问题，把信用社真正办成群众性的合作金融组织。并且进一步重申，中国农业银行要加强对信用社的领导，不宜改变信用社的隶属关系。国发〔1984〕105号提出，由农村信用社入股组建县联社。县联社是各个基层信用社组织起来的联合组织。建立县联社后，各个基层信用社仍然是独立经营、独立核算、自负盈亏的经济实体。县联社领导人，由召开全县信用社代表大会选举产生。县联社要在中国农业银行县支行领导下进行工作，日常具体工作由县支行信用合作股负责。其主要任务是：①在全县范围内调剂信用社的资金余缺；②从信用社利润中，提取一定数量的互助基金，用于调剂盈亏；③统筹解决职工退职退休经费；④组织经验交流和信息交流；⑤管理职工培训教育工作；⑥综合并考核信用社各项计划执行情况；⑦检查信用社执行方针、政策的情况。

从1984年1月1日起，中国人民银行专门行使中央银行的职能，明确人民银行是国务院领导和管理全国金融事业的国家机关，集中力量进行金融宏观调控与管理，不对企业和个人办理信贷业务，商业银行的经营功能转移到工、农、中、建四大专业银行。这一时期，农村信用社仍然由中国农业银行对其进行直接的管理，中国人民银行通过监管农业银行从而间接监管农村信用社。

1985年，中共中央、国务院《关于进一步活跃农村经济的十项政策》（中发〔1985〕1号）文件指出："信用社实行独立经营，自负盈亏。所组织的资金，除按规定向农业银行交付提存准备金外，全部归自己使用。在保证满足社员农业贷款之后，可以以余款经营农村工商信贷。可以跨地区开展存贷业务。信用社之间、信用社与各专业银行之间可以发生横向业务联系。存放利率允许参照银行所定基准利率上下浮动，有的可以接近市场利率。信用社必须遵守国家金融政策并接受农业银行领导。"

1985年，由于信贷政策收紧和银行与合作社“脱钩”对信用社改革的影响，农村信用合作社改革遭遇挫折。实际上，从20世纪80年代到90年代前期，农村信用社的管理依然听命于国家银行，农村信用社与农户并未形成利益共同体，业务也没有与农户的生产活动密切结合，合作性质还没有完全确立。

3. 第三次转型：“官办化”的国家银行基层机构

追溯农商行“前身”历史时发现，各级信用社几经“易手”，先后经历过农业银行、央行以及银监会的管理，直到在21世纪初开始改革，转向由省联社主管。

1986~1990年是国家第六个五年计划时期，也是国家应对通货膨胀的关键时期。农村信用社改革进入了治理重组阶段。

1986年，中共中央、国务院《关于一九八六年农村工作的部署》（中发〔1986〕1号）文件指出：“农村建设资金，除国家增加农业投资外，主要靠农村自身的积累。提倡各地合作经济组织从当年收入中适当提取公共积累，建立固定资产折旧制度。鼓励群众投资兴建各种生产设施。中国人民银行、中国农业银行要制定不同区域和产业的信贷政策，支持产业结构调整和农业技术改造。中央去年一号文件对信用社规定的各项政策和国务院有关信用社体制改革的各项规定，应逐项落实。不得向信用社下达指令性转存款指标，保证信用社多存多贷。积极发展农村各种保险事业。”

1987年，中共中央《把农村改革引向深入》（中发〔1987〕5号）文件指出：“信用合作社必须改革官办的积弊。信用社在遵守国家金融法规的前提下，民主管理、独立经营、自负盈亏，国家银行及各级政府均不得干预其资金营运的自主权。信用社交纳准备金比例降到与专业银行一致；存贷款利率可以比照国家的基准利率，按市场资金供求状况适当浮动；业务范围可以与其他基层金融组织适当交叉。县联社的体制改革，应在保证基层信用社合作性质的前提下，进行多样试点。中国农业银行和其他专业银行在互等互利基础上，为信用社提供服务和相互代办委托业务。”

1990年，通货膨胀得到有效控制，农村信用社改革继续进行。

1991 年 7 月 29 日，农村信用社暂行条例颁布实施，重申农村信用社应坚持“三个性质”，详细而完整地规定了信用合作社的各种管理系统，如机构管理、业务管理和民主管理。

1993 年，《国务院关于金融体制改革的决定》（国发〔1993〕91 号）合作金融的设计思想在于：首先把农村信用社联社从中国农业银行中独立出来，办成基层信用社联合组织，而后在农村信用合作联社的基础上逐步组建农村合作银行。国发〔1993〕91 号文指出：“有步骤地组建农村合作银行。根据农村商品经济发展的需要，在农村信用合作社联社的基础上，有步骤地组建农村合作银行。要制订《农村合作银行条例》，并先将农村信用社联社从中国农业银行中独立出来，办成基层信用社的联合组织。农村合作银行只在县（含县）以下地区组建。国有商业银行可以按《农村合作银行条例》向农村合作银行参股，但不能改变农村合作银行的集体合作金融性质。”

1993 年 12 月和 1994 年 2 月，中国人民银行和中国农业银行联合下发两个明传电报，明确中国农业银行代表中国人民银行对农村信用社进行领导和管理。

从监管来看，1996 年前，农村信用合作社的管理权数度上收至中国农业银行，和中国农业银行的营业部合并，受农业银行的管理。1993 年中国人民银行设立了四个监管司局，即银行监管一司、银行监管二司、非银行金融机构监管司和合作金融监管司。其中，合作金融监管司负责对城市信用社和农村信用社的监管。直到这个时候，中国人民银行才出现专门针对合作金融机构的监管部门。1993 年以后一段时期，农村金融监管重点放在整顿农村金融市场秩序方面，贯彻国务院提出的金融“约法三章"，加快农村金融法制建设，依法规范农村金融机构的经营行为，取缔农村地下非法金融组织。

4. 第四次转型：民办化的试点阶段

长期以来，农村信用社在我国的广大农村地区一直存在着。随着我国农村的不断发展，原有的农村信用社不断地暴露出许多问题。首先，农村信用社出现严重的政企不分现象，导致农村信用合作社缺乏主体责任与意识。其次，农户与农村中小企业都出现了融资难的问题。

迫于种种压力，农村信用社的股份制改制迫在眉睫。

1996 年，全国农村金融体制改革工作会议召开，农村信用社与中国农业银行正式脱离行政隶属关系，业务改由县联社管理，中国人民银行履行监管职责。各地开始探索组建市联社、省联社，这一阶段省联社产生。

1996 年 8 月，国务院发布《关于农村金融体制改革的决定》（国发〔1996〕33 号），成立国务院农村金融体制改革部际协调小组。确定改革的核心是把农村信用社逐步改为由“农民自愿入股、社员民主管理、主要为入股社员服务”的合作金融组织。改革的步骤是：农村信用社与中国农业银行脱离行政隶属关系，对其业务管理和金融监管分别由农村信用社县联社和中国人民银行承担，然后按合作制原则加以规范。国发〔1996〕33 号文实际上是对 1993 年改革框架的具体实施，指出要建立和完善以合作金融为基础，商业性、政策性金融分工协作的农村金融体系；提出已经商业化经营的农村信用合作社，经整顿后可合并组建农村合作银行。

1997 年 2 月，经国务院同意，国务院农村金融体制改革部际协调小组和中国人民银行在北京召开农村信用社管理体制改革工作会议，会议就农村信用社按合作制改革、中国人民银行加强监管、组建行业自律组织等工作进行了部署。

1997 年 6 月，国务院办公厅转发《中国人民银行关于进一步做好农村信用社管理体制改革工作意见》（国办发〔1997〕20 号），要求坚定不移地把农村信用社办成合作金融组织，按合作制原则改革农村信用社管理体制，完善和加强县联社建设，进一步加强中国人民银行对农村信用社的监督管理，在中国人民银行内部增设农村合作金融机构监管部门，专门承担对农村信用社的监管工作。

1997 年，中国人民银行增设农村合作金融监督管理局，表明更加重视农村金融的专业化监管。在这期间，农村合作金融机构还只存在农村信用社这一种形式。在随后一段时间，一大批违法设立、越权批设的农村金融机构得到清理整顿，乱设机构、乱办业务、乱放款、乱拆借等违法违规行为得到有效遏制，农村金融秩序有了明显的好转，农村信用社经营逐步规范。

1998 年 11 月，国务院办公厅转发《中国人民银行关于进一步做好农村信用社改革整顿规范管理工作意见》（国办发〔1998〕145 号），要求对农村信用社进行清产核资，按合作制进行规范改造，中国人民银行加强监管，防范化解风险，组建农村信用社县以上行业自律组织，行使对农村信用社管理、指导、协调、服务的功能。

1999 年 4 月，经国务院同意，中国人民银行召开全国农村信用社工作会议。会议提出，根据需要，逐步组建地（市）联社，承担行业管理和服务职能；在全国各省建立信用合作协会，主要职能是对信用社提供联络、指导、协调、咨询、培训等方面的服务。

2000 年，朱镕基同志视察江浙时，针对农村体制改革召开了相关座谈会，并就“区域性商业银行”这一大胆设想展开了调研，后确定以张家港、常熟以及江阴为试点代表，开创性地探索农村商业银行。

苏南地区率先进行改革。2000 年，中国人民银行和江苏省政府进行了全面清产核资，组建省联社，为农村信用合作社改革试点做准备。2000 年的 12 月 8 日，该社会建设项目正式启动，初具雏形的“区域性商业银行”从此在改革探索中不断地被完善，最终形成今天的农商行。

2001 年，江苏省组建全国首家省联社。

2001 年，经国务院同意，在农村信用社合并重组的基础上，中国人民银行批准在张家港、常熟、江阴三地分别成立农村商业银行。2001 年 11 月 29 日，全国第一家农商行——张家港市农村商业银行经总行批准由农信社改制成立。这是农村金融机构改革的重大创举。不仅仅是股东结构发生了变化，更重要的是政企分开、产权明晰、服务意识增加、经营活力增加，等等。这为以后农村信用合作社的改革积累了宝贵的实践与经验。

有了前面的成功试点，其他农村信用合作社纷纷走上改制之路。在北京、上海、重庆、天津、宁夏试点设立了 5 个省级联社，在浙江、四川、福建、黑龙江、陕西设立了 5 个省级联社，设立了 65 个地级市联社，为农村信用合作社的全面转型，早日实现改革进行了一系列的实践，获得了很好的市场效果和实践经验。

2002 年 3 月，中共中央、国务院联合发布《关于进一步加强金融监管，深化金融企业改革，促进金融业健康发展的若干意见》（中发〔2002〕5 号），提出农村信用社改革的重点是明确产权关系和管理责任，强化内部管理和自我约束机制，进一步增强为“三农”服务的功能，充分发挥农村信用社支持农业和农村经济发展的金融主力军和联系农民的金融纽带作用。农村信用社改革要因地制宜、分类指导。在人口稠密地区和部分粮棉主产区，具备条件的可在清产核资的基础上，建立县一级法人体制。在沿海发达地区和大中城市郊区、少数符合条件的农村信用社可进行股份制改造。全国农村信用社的监管由银行监管机构统一负责。各省政府要按照国家有关法规指导本地区的农村信用社加强自律性管理，并统一组织有关部门防范和处置农村信用社金融风险。

5. 第五次转型：县级联社阶段由二级法人社变为一级法人

在江苏省首批试点农商行过去两年后，试点地区范围进一步扩大。

2003 年 1 月，中共中央、国务院联合发布《关于做好农业和农村工作的意见》（中发〔2003〕3 号），提出农村信用社要进一步深化改革，总的要求是明晰产权关系，强化约束机制，增强服务功能，国家适当扶持，地方政府负责。

2003 年 4 月，浙江省宁波鄞县农村合作联社改建为宁波鄞州农村合作银行。

2003 年 6 月，国务院印发《深化农村信用社改革试点方案的通知》（国发〔2003〕15 号），开启新一轮农村信用合作社改革。此后逐步确立了以法人为单位，改革信用社产权制度、明晰产权关系、完善法人治理结构，同时结合不同的具体情况确定相应的产权形式的改革目标。具备农村信用合作社股改条件的，可以按规定实施改革工作，对于条件不是很成熟的农村信用合作社可以成立农村合作银行过渡一下，待时机成熟时再组建农商行。

国发〔2003〕15 号文规定，县级联社和乡镇信用社的两级法人改组为县级统一法人社，少数农村信用合作社直接改组农商行。决定在吉林、山东、江西、浙江、江苏、陕西、贵州、重庆八省市率先对农村信用社进行市场化改革试点，重点鼓励符合条件的地区将农村信用社改造为股份制商业银行。成立省（自治区）农村信用社联合社，将农村信用合作社管理权下放省级政府，而省政府对于农村信用合作社的管理主要是通过省联社，承担管理、指导、协调和服务职能，银监会负责金融监管职能。

2003 年 4 月 28 日，中国银监会正式成立，承接由中国人民银行履行的主要监管职能。同年 8 月，江苏吴江农商行成立了，该农商行由吴江市信用合作联社改制而来。

2004 年 5 月，中国银监会颁布《监管职责分工和工作程序的暂行规定》，明确建立银监会、银监局、银监分局三个层次的监管工作体系，实行“统一领导、分级负责、部门落实、责任到人、加强考核、严格问责”的工作制度。同时，按照三个层次的监管工作体系，界定了对农村商业银行、农村合作银行、农村信用合作社及其各级联社监管的各自职责。

然而，国发〔2003〕15 号文并没有明确表示省联社具有对高管人员的提名权。2004 年 6 月，国务院办公厅转发中国银监会和中国人民银行发布的《关于明确对农村信用社监督管理职责分工的指导意见》（国办发〔2004〕48 号）指出，“省级联社应督促信用社依法选举理事和监事，选举、聘用高级管理人员”。在省联社的管理下，每逢基层农商行董、监事会换届，都需要先向省联社提出申请报告，阐明换届情况和时间，省联社派出团队实地考察后，同意换届并下发红头提名文件，提名范围包括“三长”（董事长、监事长、行长）和副行长人选。只有在获得省联社的提名文件后，基层农商行才可以继续走董监事提名、股东大会选举、新一届董监事会会议选举董监事长并聘任高管等流程。除了高管人事方面，农商行在普通岗位的职工招聘方面也须经省联社同意，由省联社统一分配。

2003 年 8 月 18 日，国务院召开试点省（市）政府负责人座谈会，高度评价了农村信用社在促进农业和农村经济发展，帮助农民发展生产、增加收入等方面做出的重要贡献，要求各有关方面要从支持农村经济发展和全面建设小康社会的战略高度充分认识深化农村信用社改革的重要性；要从完善农村金融服务体系、改进农村金融服务的现实需要出发，充分认识深化农村信用社改革的必要性；要从加快农村信用社改革，改善经营管理，增强自我发展能力的角度，充分认识深化农村信用社改革的紧迫性。会议提出改革试点工作的基本原则：一是要坚持按照市场经济规则进行改革；二是必须坚持为“三农”服务的方向；三是要坚持因地制宜、分类指导的原则；四是坚持责权利相结合的原则。

同日，中国银监会、中国人民银行等部门联合召开会议，会议对改革试点实施的具体工作进行了部署，八省（市）深化农村信用社改革试点工作正式启动。

2003 年 9 月中旬，为了解各地对“8·18 会议”有关精神落实情况，督促和指导八个试点省（市）做好改革试点工作，中国银监会专门派出五个工作组分赴八个试点省（市），对会议精神贯彻和改革试点方案准备情况进行调查了解。李伟同志带队至吉林省进行调研和指导。

2003 年 10 月 10 日至 11 日，为及时掌握深化农村信用社改革试点进展动态，交流情况，分析问题，相互借鉴，进一步推动改革试点工作的顺利进行，中国银监会在重庆组织召开深化农村信用社改革试点省（市）情况交流会。八个试点省（市）政府分管秘书长、银监局分管负责人参加了会议。会议还邀请了国务院、中国人民银行及财政部有关同志参加。李伟同志参加会议并作了总结讲话。会议听取了 8 个试点省（市）改革试点准备工作的进展情况，研究讨论了前一阶段改革试点工作中遇到的问题，并对试点工作进度提出了明确要求。

2003 年 11 月中旬，八省（市）人民政府陆续完成并上报改革试点实施方案。

2003 年 12 月，中国银监会完成对八个试点省（市）改革试点实施方案的审核工作，批复同意其试点实施方案，八省（市）改革试点进入全面实施阶段。

2003 年 12 月 16 日，黄菊同志主持召开会议，专门听取改革试点进展情况汇报，对前一阶段工作给予充分肯定，并对下一步实施工作提出明确要求。黄菊同志要求各试点省（市）人民政府要精心组织、周密部署，国务院有关部门要加强调研、督促推进，在具体实施中要突出信用社转换经营机制、完善法人治理以及增强服务功能等为重点，在改革中要注意风险，保持稳定。同时强调，要切实做好新闻宣传工作，通过各种喜闻乐见的形式，向广大农民群众和农信社职工做好宣传解释工作，取得他们的理解和支持。

2003 年 12 月 30 日，贵州省农村信用社联合社挂牌成立，这是深化农村信用社改革试点以来成立的第一家省级联社，也是全国第七家省级联社。

2004 年 1 月 7 日至 8 日，为贯彻落实黄菊同志在 2003 年 12 月 26 日听取中国银监会工作汇报时的指示精神，进一步推进深化农信社改革试点工作，中国银监会在江苏省苏州市召开八个试点省（市）座谈会。座谈会的主要内容是交流情况、部署工作、释疑解难、推进试点。会议邀请了中农办、中国人民银行、财政部、国家税务总局等有关部委同志参加。李伟同志主持座谈会并作了总结讲话。会议认真学习讨论了黄菊同志的指示精神，并结合前一阶段工作情况，就贯彻落实黄菊同志指示精神，进一步做好改革试点工作提出了明确要求。

2004 年 3 月 4 日，首批中央银行专项票据发行，共向八省（市）272 家联社发行中央银行专项票据 119 亿元。

2004 年 3 月 25 至 26 日，中国银监会在山东召开第三次改革试点座谈会。会议对前一阶段的工作进行了总结，围绕改革试点工作中出现的一些问题进行了交流，并对改革试点的阶段性总结工作作了部署。

2004 年 5 月 24 日，贵州花溪农村合作银行成立。

2004 年 8 月，国务院办公厅下发《关于进一步深化农村信用社改革试点的意见》（国办发〔2004〕66 号），表示试点范围扩大到除西藏和海南外的 29 省（区、市），进一步深化农村信用社改革。

这一时期，全国掀起股改潮流，诸多的农村信用社加入到股改的大军当中。2003 年我国农村信用社股改的试点省市数量增加了 8 个。2004 年改制的省份数量增加了 21 个，股改队伍不断扩大，截至 2004 年末，只有西藏自治区和海南省没有实行农村信用社改制。

2006年12月，海南省农村信用社改革试点方案获批，至此全国30个省（自治区、直辖市）已全面步入农村信用社改革热潮。

从2006年起，中国银监会推动实施风险分类统一标准和差别监管措施。全面完成农村合作金融机构表内外资产由四级分类向五级分类的过渡，实施贷款风险分类偏离度检查，基本摸清风险底数。2007年起，按照商业银行评级标准对农村合作金融机构实施监管评级，共分为6个级别10个档次。

2007年4月，中国银监会出台《农村合作金融机构监管流程体系指导意见》，规定在中国银监会和各银监局的农村合作金融机构监管部门分别设非现场监管主协调员、协调员；在属地农村合作金融机构监管部门设主监管员，并配备相应的非现场监管员，银监局的协调员可同时兼任属地农村合作金融机构监管部门主监管员。在此基础上，进一步从监管规划及年度监管计划、监管数据与信息的采集与共享、非现场监管、现场监管、行政许可、强制性监管措施与行政处罚、高风险农村合作金融机构处置以及综合风险评价、年度总结与分类监管等方面，对银监会、银监局、银监分局的监管职责作出了详尽的规定。与其他的监管对象一样，对农村中小金融机构的监管也贯彻了“管法人、管内控、管风险、提高透明度”的监管理念和“准确分类—充足拨备—做实利润—资本充足率达标”的持续监管思路。

6. 第六次转型：培育新型农村金融机构阶段

自2006年起，开始试点和逐步培育新型农村金融机构。为了解决农村区域银行业金融机构网点覆盖率低、金融供给不足、竞争不充分等问题，更好地改进和加强农村金融服务，支持社会主义新农村建设，2006年底，中国银监会下发《关于调整放宽农村区域银行业金融机构准入政策更好支持社会主义新农村建设的若干意见》，按照“低门槛、严监管”原则，对农村区域银行业金融机构准入政策进行了调整和放宽。通过资本和机构开放从而实现市场开放，鼓励各类投资者到农村地区投资创立村镇银行、贷款公司、农村资金互助社这三类新型农村金融机构。首先选取6个省（自治区）农村地区进行试点。

所谓“低门槛”，就是适当降低机构和业务的市场准入条件，增加农村区域银行业金融机构覆盖面，主要体现在：降低农村金融机构注册资本要求，村镇银行最低注册资本金为100万元，贷款公司最低注册资本金为50万元，农村资金互助社最低注册资本金为10万元；农村合作银行、县（市）统一法人联社最低注册资本金分别由2000万元、1000万元降低为1000万元和300万元；取消境内银行业金融机构对在县（市）、乡（镇）、行政村设立分支机构拨付营运资金的限额及相关比例的限制；降低农村银行业金融机构投资人资格与境内投资人持股比例限制；放宽业务准入条件与范围；调整董（理）事、高级管理人员准入资格；调整新设法人机构或分支机构的审批权限。

所谓“严监管”，具体包括：实施审慎监管，农村地区新设银行业法人机构必须执行审慎、规范的资产分类制度，资本充足率不得低于8%，资产损失准备充足率不得低于100%，内部控制、贷款集中、资产流动性等应严格满足审慎监管要求；根据农村地区新设银行业法人机构的资本充足状况及资产质量状况，适时采取差别监管措施；引导和监督新设银行业法人机构的资金投向；建立农村区域银行业金融机构支农服务质量评价考核体系。在扩大调整放宽农村区域银行业金融机构准入政策试点工作时，必须坚持服务“三农”、市场化、严格监管、政策激励、积极稳妥这五个原则。

2007年3月1日，由南充市商业银行作为主发起人和出资人的四川仪陇惠民村镇银行和惠民贷款公司挂牌开业。

同年3月9日，吉林省梨树县闫家村百信农村资金互助社对外营业。由此诞生了我国首批新型农村金融机构。

经过半年多时间的试点后，2007年10月，报经国务院同意，中国银监会决定将新型农村金融机构试点范围由6个省（自治区）扩大到全国31个省（自治区、直辖市），各省（自治区、直辖市）选择1~2家进行试点。

此外，汇丰银行等国际知名金融机构也通过直接发起方式积极参与新型农村金融机构组建工作。2007年12月13日，第一家外资设立的湖北随州曾都汇丰村镇银行开业。

2007年，中国银监会批准成立了31家新的农村金融机构，包括村镇银行 19 家、农村资金互助社 8 家和贷款公司 4 家。这进一步拓宽了各类资金流向农村的渠道，在解决农村金融服务问题方面实现了重大突破。

截至 2007 年底，一共组建了银行类金融机构达到 130 多家，组建以县（市）为单位的统一法人机构高达 1818 家、地（市）统一法人社 7 家。这标志着我国农村商业银行股改上市已迈出了重要一步，农村信用社服务“三农”的能力得到进一步的提升（李献平，2018）。

7. 第七次转型：转向农村商业银行

2008 年，《农村中小金融机构行政许可事项实施办法》中规定明确符合条件的农村商业银行、农村合作银行可以在注册地辖区以外的县（市）设立支行，农商行异地扩张得以稳步推进。

2008 年，中国银监会出台了《农村合作金融机构主要监管指标及监管评级 2008～2010 年达标升级规划》，按照“机构分类—梯次规划—按季督查—按年考核”的方式，要求 35 个省市和 2400 家县级法人，逐省逐社制订达标升级规划，明确达标措施与步骤，并将达标进展结果纳入到对高管人员的履职考核中，取得了良好效果。重点推动五六级机构监管达标升级，专门下发高风险农村信用社并购重组指导意见，对于监管评级为六级或者五 B 级且主要监管指标呈下行恶化趋势的农村信用社，符合投资入股资格的商业银行、农村合作金融机构、非银行金融机构及优质企业均可对其实施并购。

2010 年，中国银监会制定《关于全面推进农村合作金融机构股权改造工作的指导意见》，着力推进资格股改造，优化股权结构，健全规范法人治理，完善内控机制。通过股权改造，农村合作金融机构投资股比例已经提高到 76%以上，治理机制得到初步完善，内部人控制问题有所改善，风险管控能力显著增强。

2010 年，中国银监会下发《农村中小金融机构风险管理机制建设指引》，加快推进全面风险管理机制建设，强化内部控制监管，督促完善风险管理架构和各项风险控制措施，全面开展案件风险防控治理。

2010 年，中国银监会针对多家农村合作金融机构处于同一个级别而难以体现风险程度差异的状况，又将档次增加到 15 个，基本摸清风险分布区域、风险集中程度以及风险机构数量，为实施差别监管提供了依据。同时，建立健全适合农村金融机构特点的分类差别审慎监管制度和全流程联动监管体系，加大了对重点机构和重点环节的监管力度。

2010年，中国银监会明确指出，具备农商行改革条件的，不再需要进行农村合作银行的过渡，直接筹备农商行的组建。以前的农村合作银行也要结合自身实际，争取早日完成农商行的组建工作。这反映我国农商行的发展已经相当成熟了。农信社的股改是自身的实际需要，通过组建农商行、募集股权，大量的坏账得到消化吸收，分散了风险，也不断挖掘新的业务领域，发现新的利润增长点，增强了活力。从而能够更好地服务三农，不断获得社会的认可。在广大的农村虽然农村信用社的数量也不少，但是随着改革的不断推进，相信很快就能够全面地完成股改的工作，农商行对于未来农村地区的经济发展将起到至关重要的作用。

值得一提的是，这次改革不再提恢复农村信用社合作金融性质，而是以明晰产权和完善管理体制为改革的核心内容，提出把农村信用社逐步办成“社区性地方金融机构”。概括地说，包括以下三个方面：

第一，按照因地制宜、分类指导的原则，积极探索和分类实施股份制、股份合作制、合作制等各种产权制度，建立与各地经济发展、管理水平相适应的农村商业银行、农村合作银行、县（市）统一法人社或乡镇、县（市）两级法人社等多种信用社组织形式。截至2010年12月末，全国共有农村商业银行85家，农村合作银行223家，农村信用社2646家，其中：省级农村信用合作社联合社25家、地市级统一法人社4家、县级统一法人社1979家（设在城区297家）、县级二级法人社55家和乡镇农村信用社548家。在实践中，一般将农村商业银行、农村合作银行、农村信用社三类机构笼统称为农村合作金融机构，其法人数量从这一轮改革前的35540家下降至2954家。

第二，改革信用社管理体制，将信用社的管理和风险责任移交省级人民政府承担。各省（自治区、直辖市）人民政府结合农村合作金融机构特点，探索建立了多样化的管理体制。北京、天津、上海、重庆四个直辖市组建了统一法人的农村商业银行；宁夏回族自治区组建了两级法人的农村商业银行；其他 25 个省（区）组建了省联社，具体承担对辖内农村信用社的管理、指导、协调和服务职能。在新的管理体制下，省级政府加强工作指导，结合实际给予政策支持，对推动农村合作金融机构逐步走上良性发展轨道发挥了积极作用。各省联社在整章立制、稽核审计、风险管控、人员培训等方面做了大量工作，逐步扭转了改革前农村合作金融机构各自为政、管理混乱、发展无序的局面，农村合作金融机构外部约束得到强化，自我管理能力有了较大提升，案件高发的态势得到遏制。

第三，为了帮助信用社消化历史包袱，国家在拨补保值储蓄贴补息、减免税收、利率浮动以及资金支持四个方面给予政策扶持。在财税政策上，在改革时期对农村信用社营业税按 3%征收，对所得税中西部地区全免，东部地区减半，累计减免营业税、所得税近 700 亿元；对亏损农村信用社因执行宏观政策开办保值储蓄而多支付保值贴补息给予补贴，共计 88 亿元。出台了涉农贷款增量奖励、新型农村金融机构费用补贴、放宽涉农贷款呆账核销条件、允许税前提取贷款损失准备金和农村金融机构税收等政策。在货币政策上，向农村信用社发行 1695 亿元央行专项票据置换不良资产；对农村中小金融机构实施有差别的存款准备金政策，一般比大中型商业银行低 4~6 个百分点；累计向农村中小金融机构发放支农再贷款 1.3 万亿元；容许农村信用社实行灵活的利率政策，贷款利率可在基准贷款利率的 1~2 倍范围内浮动。在监管政策上，暂免农村中小金融机构监管费，建立农村市场准入绿色通道，实行差异化监管政策。这些惠农政策在一定程度上弥补了市场配置机制的不足，对消化金融机构历史包袱、促进深化改革和有效调动支农积极性发挥了积极作用。

8. 农商行阶段：农村信用合作社变为股份制的农商行（2010 年之后）

股份制农商行在法人治理、业务创新、经营成果等方面取得了远超同业的佳绩，从而吸引农信机构进行改制。截至 2016 年 4 月末，全国农村商业银行数量达到 1000 家。

2010 年，中国银监会印发了《关于加快发展新型农村金融机构有关事宜的通知》，强调要严格执行准入标准，不得抬高或变相抬高银监会规定的准入门槛，并允许因地制宜对三年规划适度调整。实施中采取“东西挂钩、城乡挂钩、发达与欠发达挂钩”政策，引导大中型商业银行、中小银行业金融机构作为发起人，到经济欠发达地区设立新型农村金融机构。同时，鼓励支持主发起人通过新的管理模式规模化地推进机构组建，对设立10家及以上新型农村金融机构的主发起人，允许其设立新型农村金融机构管理总部，管理总部不受地域限制，履行管理和后台服务职能，不从事金融业务；对设立30家及以上新型农村金融机构的主发起人，允许其探索组建新型农村金融机构控股公司；允许西部除省会城市外的其他地区和中部老、少、边、穷等经济欠发达地区以地（市）为单位组建总分行制的村镇银行，注册资本不得低于5000万元人民币，总行设在地（市），办理除贷款以外的经银行业监管部门批准的其他业务，所吸收的存款除上缴存款准备金和留足备付金外主要用于支行发放贷款，支行设在地（市）辖内所有县（市），原则上应与总行同时开业，所吸收的存款要全部用于当地。在上述地区设立地（市）贷款公司比照地（市）村镇银行办理。为此，对主发起人实施并表监管，对大股东强化责任监管。为了解决村镇银行资本额度小、贷款集中度比例偏低、不能有效满足中小企业信贷需求问题，将村镇银行对同一借款人的贷款余额由不得超过资本净额的5%调整为10%，对单一集团企业客户的授信余额由不得超过资本净额的10%调整为15%。

2011年，中国银监会宣布不再组建新的农村信用社和农村合作银行，全面取消资格股，逐步将有条件的农村信用社改组为农商行，农村合作银行要全部改组为农商行。在此政策背景下，农商行组建速度和资产增速明显加快，农村信用社和农村合作银行数量则逐年下降，截至2018底，我国共有农商行1397家、农村信用社812家、农村合作银行30家，农商行总资产规模约为262万亿元。

2012年7月，中国银监会发布《关于规范农村信用社省（自治区）联合社法人治理的指导意见》，对省联社进行改革，并鼓励农合行、农村信用社改制为农商行。经过改革，农村信用社历史包袱大大减轻，经营实力和管理水平显著提升。

目前全国共有25家省联社，在省联社强势的地区，农商行市场化程度低；反之，则农商行的市场化程度较高。

省联社强管理模式：绝大多数省份。县级联社在法律上独立，但在经营、管理上均受到省联社诸多掣肘。如经济欠发达省份、经营管理仍比较落后或实力相对比较弱小的农商行，其所受到省联社的牵制依旧较强，甚至被作为地方政府的一大融资平台。

省联社弱管理模式：江苏、浙江、四川、湖北等地区。县级农村信用社联合组建成为地市级农商行，仍受农联社管理，但农商行规模较大，且随着省联社简政放权的推进，农商行话语权有所上升，与其他地区相比具有更大的自主权。例如，2017年常熟银行董事会否决省联社委派行长提名。

直辖市模式：北京、上海、天津、重庆等直辖市区域。将区域内农村信用社整合为统一法人，即省级股份制农商行，有完善的公司治理结构，自主经营、自负盈亏，与其他商业银行没有本质的差别，其业务也不局限于“三农”。这种模式不存在省联社，区县级的农村信用社也改制成分支行，如北京农商行顺义分行就是原来的顺义农村信用社。

加快推进农村信用社改革步伐。2010年中国银监会根据中央要求，发表指导意见表示“在2015年底前全面取消资格股，今后不再组建农村合作银行，符合农村商业银行准入条件的农村信用联社和农村合作银行，应直接改制为农村商业银行；暂不符合条件的，要尽快将资格股全部转换为投资股，并改制组建为股份制的农村信用社”，同时表示“用三至五年时间将农村合作金融机构总体改制为产权关系明晰、股权结构合理、公司治理完善的股份制金融企业”。

各省市农村信用社改制进度不一。截至目前，我国已有北京、天津、上海、重庆、安徽、湖北、江苏、山东和江西9省市完成农村信用社改制工作，河南省也宣布已经总体完成全省农商银行组建工作。根据各省市公开政务信息，在可预见的时间里，预设的改制任务时间若如期完成，在2020年底前全国将共有21个省份全面完成农村信用社改制。

（二）城市商业银行的四次转型

1. 第一次转型：成立城市信用合作社

1979年，随着经济领域改革推进，城市商业银行前身——城市信用合作社成立，成立之初主要为城市集体企业、个体工商户以及城市居民提供金融服务。

1979年6月，我国第一家城市信用合作社在河南省驻马店成立。随后，全国各地相继成立多家城市信用合作社。

2. 第二次转型：城市信用合作社转制为城市合作银行

1986年1月，国务院下发《中华人民共和国银行管理暂行条例》，明确了城市信用合作社的地位，将城市信用合作社定性为“群众性合作金融组织”。此后，城市信用合作社设立速度加快，到1989年底，全国城市信用合作社数量达到3330家，总资产约284亿元。

1990~1991年，城市信用合作社处于清理整顿阶段。1992年之后，伴随着我国经济进入高速发展时期，城市信用合作社的数量急剧增长，绝大多数县（市）都设有城市信用合作社。1993年底，城市信用合作社数量近4800家，总资产约1878亿元，约占当年GDP的5%。1994年底，已达到5200家，资产总额超过3000亿元，有力地支持了城市私营和个体经济的发展。

然而，迅猛扩张的城市信用合作社暴露出内控机制不健全、经营风险聚集、经营处境困难等出诸多问题，胡乱集资与随意放贷逐渐演变成区域金融的最大风险，于是监管层的集中整顿也紧随而至。为适应社会主义市场经济体制改革和积极化解风险，城市信用合作社开始向城市合作银行转制。

1993年12月25日，国务院发布《关于金融体制改革的决定》，提出“在城市信用社的基础上，试办城市合作银行”。具体内容为：积极稳妥地发展合作银行体系。合作银行体系主要包括两部分：城市合作银行和农村合作银行，其主要任务是为中小企业、农业和发展地区经济服务。①在城市信用社的基础上，试办城市合作银行。城市合作银行只设市行和基层行两级，均为独立法人。要制订《城市合作银行条例》，并按此组建和改建城市合作银行。试办城市合作银行，要分期分批进行，防止一哄而起。②有步骤地组建农村合作银行。根据农村商品经济发展的需要，在农村信用合作社联社的基础上，有步骤地组建农村合作银行。要制订《农村合作银行条例》，并先将农村信用社联社从中国农业银行中独立出来，办成基层信用社的联合组织。农村合作银行只在县（含县）以下地区组建。国有商业银行可以按《农村合作银行条例》向农村合作银行参股，但不能改变农村合作银行的集体合作金融性质。③农村合作基金会不属于金融机构，不得办理存、贷款业务，要真正办成社区内的资金互助组织。对目前已办理存、放款业务的农村合作基金会，经整顿验收合格后，可转变为农村信用合作社。

1995 年 2 月，成立城市合作银行领导小组，试点改制工作。将城市信用合作社改制为城市合作银行，首先选取了北京、上海、天津、深圳、石家庄 5 个城市试点，之后将试点范围扩大到包括河南、湖北、云南等省的省会城市共计 16 个试点城市。

1995 年 6 月 22 日，深圳城市合作商业银行成立，标志着中国城市合作银行的成立。

1995 年 9 月 7 日，国务院发出《关于组建城市合作银行的通知》，最终决定在合并重组城市信用社的基础上，在经济发达的大中城市分期分批组建城市商业银行。条件成熟一个，批准一个。首先在京、津、沪等城市进行试点，在总结经验的基础上，在 35 个大中城市中逐步推开。

1996 年 6 月，组建范围扩大到地级市。将城市合作银行的组建范围扩大至上述 35 个城市之外的 60 个地级市。

1997 年 6 月 20 日，中国人民银行发布《城市合作银行管理规定》，规定城市合作银行是股份有限公司形式的商业银行，在合并所在城市已经商业化的城市信用社的基础上，吸收地方财政、当地企业共同发起设立。城市合作银行主要为设立城市的中小企业和居民提供金融服务，以促进地方经济的发展。

1997 年 12 月，再一次扩大组建范围。在东莞等 58 个地级城市继续开展城市合作银行的组建工作。

3. 第三次转型：城市合作银行更名为城市商业银行

1998 年 3 月 12 日，经国务院同意，中国人民银行与国家工商行政管理局颁布《关于城市合作银行变更名称有关问题的通知》，进一步明确城市合作银行股份制性质，整体更名为城市商业银行。通知指出，鉴于城市合作银行是股份制商业银行，不具有“合作”性质，经国务院同意，将“××城市合作银行”名称变更为“××市商业银行股份有限公司”，银行在牌匾及广告宣传中可以使用简化名称“××市商业银行”。

1998 年 10 月 25 日，国务院办公厅转发中国人民银行《整顿城市信用合作社工作方案》，要求做好城市信用社的清产核资工作，摸清城市信用社的资产负债情况和风险程度，对城市信用社及联社进行规范改造或改制。在符合条件的城市，积极稳妥地推进组建城市商业银行工作。已按股份制组建、实际按商业银行机制运作的城市信用社，经清产核资后，质量较好的可纳入城市商业银行组建范围。地方人民政府要加强领导，严格按照有关规定做好组建工作，对资产质量差、亏损严重、资不抵债以及存在支付危机等问题的城市信用社，不得通过行政手段强行纳入组建范围。

2002 年 4 月 25 日，浙江省 8 家城市商业银行发布《共同打造民营企业主办银行品牌》的行动宣言。自 2002 年起，浙江省在 3 年内，8 家城市商业银行将逐步发展成为以民营资本为投资主体、以民营企业为服务主体的地方性商业银行。这宣言表明了在市场经济发达的浙江省，中小商业银行已逐步找准了市场定位，对全国城市商业银行的发展将起到巨大的示范和推动作用（中国人民银行银行监管课题组，2002）。

2002 年，城市商业银行发起成立“城市商业银行资金清算中心”，有效解决了城市商业银行间跨区域支付和结算问题。

2004 年起，城市商业银行探索实践区域性发展。2005 年起，城市商业银行以多种方式开展联合重组，实现资源的有效配置。

2005 年 11 月，《关于进一步推进城市信用社整顿工作的意见》，切实推进城市信用社整顿工作，推进被撤销和停业整顿城市信用社的市场退出工作。

2006 年 4 月，上海银行在宁波、杭州、南京、天津及成都等地区开设分行，是我国实现跨区域发展的第一家城市商业银行。截至 2006 年底，全国城市商业银行已达 124 家，分支机构 3000 多个，资产总额 5539 亿元，负债总额达 5290 亿元，所有者权益达 248 亿元，存款达 4484 亿元，贷款达 2699 亿元。

2007 年，城市商业银行登陆 A 股市场，开辟了城市商业银行上市的先河。

2007 年，城市商业银行开办村镇银行，大力支持农村金融建设。

与此同时，对外开放步伐加快。

1999 年起，城市商业银行引入境外战略投资，开启了以“引资、引智、引技”为核心的境外战略投资者引入模式。引入战略投资者，既能提升城市商业银行的国际知名度和市场形象，又能优化其股权结构，改善公司治理，使城市商业银行转变成具有现代产权制度的商业银行。1999 年 9 月 9 日，经中国人民银行批准，上海银行正式接受国际金融公司①参股投资。这是世界银行集团投资中国银行业的第一个项目。

2001 年 12 月，我国正式加入世界贸易组织。随着政策逐步放开，几家规模较大的城市商业银行成功引入了战略投资者，入股中资银行也成为了境外大型银行和金融集团进入中国银行业的主要途径。

2001 年 10 月，国际金融公司入股南京市商业银行，占股 15%。

促使银行业政策环境发生变化的主要动因，是银行业的开放加快和外资银行竞争加剧。外资参股国内商业银行早已暗流涌动，在我国刚刚正式加入世界贸易组织的 2001 年底，国际金融公司（IFC）即与

---

① 多年来，国际金融公司一直关注中国金融改革的进程，并希望能与一家中资股份制商业银行建立合作关系。该公司经过考察，于 1995 年向上海银行提出了参股投资意向。其后，经过四年的准备工作，双方就参股投资事宜达成一致意见。9 月 4 日，中国人民银行正式批准了该项目。此次国际金融公司参股投资一亿股。

南京市商业银行签订投资协议，以 2700 万美元代价收购南京市商业银行 15%的股份。此后，关于外资参股国内银行的报道更是风生水起。

2001 年，国际金融公司宣布投资参股南京市商业银行，此举被中外媒体称为我国加入 WTO 后的一项重大突破。2002 年 2 月 27 日，国际金融公司投资参股的资金正式到账。3 月 8 日，中国人民银行南京分行下发批复，同意南京市商业银行注册资本由原来的 10.25 亿元人民币变更为 12.068 亿元人民币；国际金融公司也以 2700 万美元持有 15%的股权而成为当时国内银行业最大的外资股东。

2003 年 1 月 5 日，国际金融公司和加拿大丰业银行以 2.50%的股权入股西安银行。

2005 年 7 月，德国投资与开发有限公司（DEG）和德国储蓄银行国际发展基金（SIDTG）分别以 10%和 3.3%的股权入股南充市商业银行。

2005 年 10 月 25 日，马来西亚丰隆银行（HLB）以 19.99%股权入股成都银行。

2006 年 12 月 21 日，美国凯雷投资基金以 7.99%股权入股重庆市商业银行。

4. 第四次转型：城市商业银行逐步完善

2009 年起，城市商业银行陆续取得多种非银行金融机构牌照及业务资格，进一步拓宽了经营领域。

2012 年 3 月，城市信用社正式退出历史舞台，宁波象山县绿叶城市信用社改制为宁波东海银行。

2013 年，城市商业银行开始走向国际资本市场，部分城市商业银行成功在 H 股上市。

城市商业银行积极探索国际化经营，大力发展外汇业务，推进跨境人民币服务，稳步推进国际化布局。

2012 年，为支持西藏地区社会经济发展，西藏银行特批成立。

2009 年 10 月 17 日，国际金融公司以 15%股权入股德阳银行。

2013 年 11 月 12 日，香港中央结算公司以 28.57%股权入股徽商银行。

开展民营银行试点。2014 年，银监会开展了首批民营银行试点工作，5 家民营银行获得试点资格，深圳前海微众银行股份有限公司年末成立。

二、我国中小银行监管演变的历史进程

中小银行历史沿革不宜片面看待，需要置身于中国银行业体制改革发展史的大背景之下，重新审视中小银行的起源、演变与定位问题。

（一）大一统阶段（1948~1977 年）

此阶段为计划经济时期，主要特点是财政金融不分家，金融实行大一统，中国人民银行既是裁判员又是运动员，为高度计划经济提供金融支持（孙宗宽，2015）。

中国人民银行于 1948 年 12 月 1 日由华北银行、北海银行、西北农民银行合并组成。1949 年由河北石家庄迁入北平（今北京）后，除了发行人民币之外，主要承担接收国民党政府的银行、整顿私人钱庄的职责，某种程度上可视为行使最原始的金融监管职能（陆岷峰和周军煜，2019）。1949 年 9 月，中国人民政治协商会议通过《中华人民共和国中央人民政府组织法》，把中国人民银行纳入政务院（今国务院）的直属单位系列，接受财政经济委员会指导，与财政部保持密切联系，赋予其国家银行职能，承担发行国家货币、经理国家金库、管理国家金融、稳定金融市场、支持经济恢复和国家重建的任务。直至 1952 年，基本扭转了中华人民共和国成立初期金融市场混乱的状况，终于制止了国民党政府遗留下来的长达二十年之久的恶性通货膨胀，国民经济逐步恢复并走向正轨（王国刚，2019）。

在计划经济的年代，金融实行大一统，全国只有中国人民银行一家银行，除了现金和存款，人们再无其他的金融资产。存款不是个人投资，号召人们存款的口号是“爱国储蓄”。那时的人民银行谈不上货币政策，更无从谈起国民经济四大账户体系。在这一时期，全国的金融体系是由中国人民银行和财政部两个大头主导的“大一统”格

局。在统一的计划体制中，自上而下的人民银行体制，成为国家吸收、动员、集中和分配信贷资金的基本手段。这一时期，人民银行作为国家金融管理和货币发行的机构，既是管理金融的国家机关又是全面经营银行业务的国家银行（沈坤荣和李莉，2005）。由于在计划经济体制下，金融业的业务相对单一，从 1952 年开始，国家基本取消了商业信用，全部以国家信用代替，1954~1955 年，中国人民银行、商业部、财政部协商，统一清理了国营工业间以及国营工业与其他国有企业间的贷款，贷款与资金往来一律通过中国银行办理，到"一五"计划时期末，一切信用统一于国家银行的目的已经实现。后来的五家大型国有商业银行，当时要么与中国人民银行的某个业务局合署办公，比如中国银行，要么并入财政部，比如交通银行和建设银行。1969 年，中国人民银行与财政部合署办公，对外只保留了中国人民银行的牌子，各级分支机构也都与当地财政局合并，成立了财政金融局。

在这一时期，由于金融实行大一统，中国人民银行履行中央银行和商业银行双重职能，并且其职能又限于财政系统之内。在这种情况下，无论是商业银行还是中小银行，都没有产生和发展的土壤。

（二）二元银行阶段（1978~1985 年）

此阶段为改革开放初期，主要特点是财政金融初步分开，商业银行和中央银行职能分开。

1978 年，党的十一届三中全会后，中国人民银行从财政部独立出来，财政金融初步分开。1979 年开始，商业银行陆续剥离，中国农业银行、中国银行、中国建设银行、中国工商银行先后或恢复、或独立、或设立（郑万春，2018）。伴随商业银行业务的逐步剥离，中央银行货币政策的独立性相当于完成了一半。

1979 年 1 月，为了加强对农村经济的扶植，恢复了中国农业银行。同年 3 月，为了适应对外开放和国际金融业务发展的新形势，改革了中国银行的体制，中国银行成为国家指定的外汇专业银行，同年设立了国家外汇管理局。

1982 年 7 月，国务院批转中国人民银行的报告，进一步强调“中国人民银行是我国的中央银行，是国务院领导下统一管理全国金融的国家机关”，以此为起点开始了组建专门的中央银行体制的准备工作。1983 年 9 月 17 日，国务院做出决定，由中国人民银行专门行使中央银行的职能，并具体规定了人民银行的 10 项职责。为更好地履行中国人民银行职责，1983 年，中国人民保险公司从中国人民银行分设出来，成立隶属国务院的独立经济单位。当年，中国银行与国家外汇管理总局分设，各行其职，中国银行统一经营国家外汇的职责不变。至此，中国银行成为中国人民银行监管之下的国家外汇外贸专业银行。中国银行的身份发生了根本性变化，由原中国人民银行一个分支部门、国家金融管理机关，转为以盈利为目标的企业。

1984 年，中国人民银行的商业银行职能完全剥离，标志性的事件是中国工商银行和中国人民银行正式分家，中国人民银行过去承担的工商信贷和储蓄业务由中国工商银行专业经营。中国人民银行开始专门行使中央银行的职能，集中力量研究和实施全国金融的宏观决策，加强信贷总量的控制和金融机构的资金调节，以保持货币稳定。中国人民银行分支行的业务实行垂直领导，设立中国人民银行理事会，作为协调决策机构；建立存款准备金制度和中央银行对专业银行的贷款制度，初步确定了中央银行制度的基本框架（王国刚，2019）。

至此，四大国有商业银行履行商业银行职能，中国人民银行履行中央银行职能，我国银行业形成了二元银行的格局（孙宗宽，2015）。这些都为中小银行的产生提供了基础。

与此同时，中国人民银行也是混业监管者。从 1984 年起，中国人民银行开始行使中央银行职能。同时，中国人民银行也肩负起包括银行、证券、保险、信托在内的整个中国金融业的监管职责。中国人民银行在专门行使中央银行职能的初期，随着全国经济体制改革深化和经济高速发展，为适应多种金融机构、多种融资渠道和多种信用工具不断涌现的需要，中国人民银行不断改革机制，搞活金融，发展金融市场，促进金融制度创新。中国人民银行努力探索和改进宏观调控的手段和方式，在改进计划调控手段的基础上，逐步运用利率、存款准备金率、中央银行贷款等手段来控制信贷和货币的供给，以求达到“宏观管住、微观搞活、稳中求活”的效果，在制止“信贷膨胀”“经济过热”、促进经济结构调整的过程中，初步培育了运用货币政策调节经济的能力。不过此时，中国人民银行仍然同时肩负宏观的货币政策调控和微观的金融行业监管职责，尤其是1986年《中华人民共和国银行管理暂行条例》颁布后，从法律上明确了中国人民银行作为中央银行和金融监管当局的职责。

（三）商业银行体系形成阶段（1986~2007年）

此阶段为改革开放改革提速期，主要特点是商业银行体系形成与逐步完善，中国金融监管由混业监管走向分业监管（王忠生，2012）。

上位法逐步完善。1995年3月18日，第八届全国人民代表大会第三次会议通过《中华人民共和国中国人民银行法》，首次以国家立法形式确立了中国人民银行作为中央银行的地位，标志着中央银行体制走向了法制化、规范化的轨道，是中央银行制度建设的重要里程碑（郑万春，2018）。同年5月10日，第八届全国人民代表大会常务委员会第十三次会议通过了《中华人民共和国商业银行法》，颁布的目的是保护商业银行、存款人和其他客户的合法权益，规范商业银行的行为，提高信贷资产质量，加强监督管理，保障商业银行的稳健运行，维护金融秩序，促进社会主义市场经济的发展。

分业监管框架初步形成。1997年7月，一场亚洲金融危机让领导层开始意识到防范和化解金融风险必须依靠一个专门的强有力的机构。当年11月，中央召开首次全国金融工作会议，会议强调，要从根本上解决金融领域存在的问题，开创金融改革和发展的新局面，必须根据社会主义市场经济发展的要求，强化人民银行的金融监管职能，加快国有银行的商业化步伐，并健全多层次、多类型金融机构体系；必须依法治理金融，规范和维护社会主义市场经济的金融秩序，严厉惩治犯罪和违法违规活动，把一切金融活动纳入规范化、法制化的轨道。会议决定对金融业实行分业监管，合并国务院证券委和中国证监会合并为新的中国证监会，同时成立中国保监会，分别专司中国证券业和保险业的监管，中国人民银行专司对银行业、信托业的监管。

成立中国四大资产管理公司。1999 年，财政部分别出资 100 亿元相继组建成立信达、东方、长城、华融四大资产管理公司，分别接受中国建设银行、中国银行、中国农业银行和中国工商银行运作过程中产生的不良资产近 1.4 万亿元。此举被认为是深化金融改革、防范和化解金融风险的一项重大决策，标志着在清理银行不良债权、重塑银企关系上走出了关键且实质性的一步（张昊，2018）。

成立中国银监会。2002 年 2 月 5 日，第二次全国金融工作会议召开。会议之前，高层提出了三个方案：一是维持中国人民银行监管；二是设立与外管局类似的银监局；三是设立与中国证监会类似的中国银监会。最后考虑到集中监管力量、提升专业水平和部门之间相互制约等因素，决定成立中国银监会，中国人民银行则彻底不再肩负机构金融监管职责，其使命变成了在国务院领导下制定和执行货币政策、维护金融稳定、提供金融服务的宏观调控部门（郭田勇，2009）。2003 年，按照党的十六届二中全会审议通过的《关于深化行政管理体制和机构改革的意见》和十届人大一次会议批准的国务院机构改革方案，将中国人民银行对银行、金融资产管理公司、信托投资公司及其他存款类金融机构的监管职能分离出来，并和中央金融工委的相关职能进行整合，成立中国银行业监督管理委员会。2003 年 4 月 2 日，温家宝同志主持召开国务院常务会议，会议讨论并原则通过了中国银行业监督管理委员会“三定”（定职责、定机构、定编制）规定。新设立的中国银行业监督管理委员会将根据授权统一监督管理银行、金融资产管理公司、信托投资公司及其他存款类金融机构。2003 年 4 月 28 日，中国银监会正式挂牌成立，履行由中国人民银行分拆出来的银行业监管职责。此后，中国人民银行不再肩负具体的金融监管职责。这是中国银行业监管体制改革的重大举措，也是中国金融分业监管体制最终形成的标志。

明确中国人民银行维护金融稳定的职能。在 2003 年 9 月 30 日公布的中国人民银行“三定”方案中，维护金融稳定被确定为与制定和执行货币政策同等重要的中国人民银行两大职责之一。在 2003 年 12

月27日全国人大常委会会议通过的《中华人民共和国中国人民银行法》修正案中，维护金融稳定作为中国人民银行的重要职责得到法律的承认。同时颁布的还有《中华人民共和国银行业监督管理法》，其主要目的是通过金融监管的专业化分工，进一步加强银行业的监管、降低银行风险、维护国家金融稳定和保护广大人民群众的财产安全（王国刚，2019）。

金融结构方面，随着经济发展和改革深化，我国经济结构发生了重大变化，股份制企业、私营企业、乡镇企业以及其他各类中小企业取得了较大发展。同时，人们的消费取向也开始变得多元化。结构单一、金融资源配置权高度集中的银行体系，已不能够满足经济主体多元化和经济运行市场化对金融服务的需求。

1986年7月24日，国务院根据经济体制改革的需要，批准恢复设立交通银行（1987年4月成立）。此后，先后成立了招商银行（1987年4月）、中信实业银行（1987年4月）、深圳发展银行（1987年12月）、福建兴业银行（1988年8月，现名为兴业银行）、广东发展银行（1988年9月）、光大银行（1992年8月）、海南发展银行（1995年8月成立，于1998年6月关闭）、华夏银行（1992年10月）、上海浦东发展银行（1993年1月）等10家全国性股份制商业银行，打破了四大国有银行占据绝大部分市场份额的局面。

1988年，深圳发展银行率先进入资本市场，通过上市，建立了资本金补充机制。为提高市场透明度、发挥市场监督功能并建立现代银行制度做出了有益的探索。

1994年4月，中国人民银行率先在招商银行等商业银行中开设了资产管理负债比例试点，进一步提高了中小商业银行的经营管理水平。股份制商业银行抓住改革机遇，逐步建立了灵活的管理机制和市场化的管理模式，如采取全员合同聘任制、任期目标管理责任制、个人收益与银行绩效挂钩等先进的管理方式，加快了中小银行发展（中国人民银行监管课题组，2002）。

1996年1月，民生银行成立，成为中国第一家由非国有企业为主出资设立的股份制商业银行，这更是突破了商业银行原有的股权构成。

1997 年，亚洲开发银行入股中国光大银行。

2003 年 12 月 17 日，兴业银行与国际金融公司、香港恒生银行、新加坡政府直接投资公司等在福州签订了入股协议。外资的加入，使各家商业银行的股权结构和法人治理结构得到进一步优化。

由于承担着金融体制改革的任务，股份行设立的背景和股权结构存在一定差异，但总体都是遵循服务本地经济实现快速发展的业务路径。这一时期银行虽拥有一定经营自主权，但权力有限，且金融产品以存贷款为主，品种相对单一。

（四）商业银行体系改革深化阶段（2008 年至今）

第一时期，即 2008~2016 年。主要特征为应对各类风险、监管框架逐步完善。

一是应对危机。2008 年，国际金融危机席卷全球，中国经历了经济发展又一个困难年。然而，危机的影响似乎只是冲击了外需，4 万亿元投资规模重振中国信心，危机过后，产能继续扩张，金融继续繁荣。2008 年底，在“保增长、扩内需、调结构”的宏观调控要求下，中国银行业金融机构总资产突破 60 万亿元，是 2003 年的 2.3 倍。中国农业银行股改上市，大量不良贷款再次剥离，主要商业银行不良贷款率下降 15.5 个百分点。2009 年，中国银监会颁布实施了影响深远的“三法一指引”（《固定资产贷款管理办法》《流动资金贷款管理暂行办法》《个人贷款管理暂行办法》和《项目融资业务指引》），标志着我国贷款规则的革命性制度变革。为应对国际金融危机，中国人民银行和中国银监会联合提出支持有条件的地方政府组建投融资平台，拓宽中央政府投资项目的配套资金融资渠道，由此拉开了地方政府融资平台加速扩张的序幕，当年新增 2000 多家平台公司，年末达到 8000 多家。

二是初步应对地方政府融资平台风险。2010 年，中国银监会意识到地方政府融资平台风险，对平台公司实施名单制管理，督促银行业金融机构按照“逐包打开、逐笔核对、重新评估、整改保全”的方针，推进地方政府融资平台贷款分类处置工作。

三是尝试规范影子银行业务。2011 年，金融稳定理事会审议通过了“影子银行”的定义、监测方法和框架以及相应的监管措施，防范监管套利。中国银监会出台了规范银信理财合作、理财产品销售、理财业务风险管理方面的文件。此外，《商业银行贷款损失准备管理办法》对贷款拨备充足的要求为金融逆周期奠定了理论基础。2013 年，全国银行业理财信息登记系统正式上线运行，银监会印发《关于进一步规范商业银行理财业务投资运作有关问题的通知》，“非标准化债权资产”概念横空出世，“非标”资产受到 35% 与 4% 双限制，年末理财规模突破 10 万亿。2014 年，五部委联合印发的 127 号文成为银行从业者阅读次数最多的文件，一些旧的同业投融资模式难以为继，错误的会计计量方法被纠正，同业专营得到有效治理。很快利用混业资管多层嵌套的“金融创新”陆续诞生，并被争相模仿，年末理财规模突破 15 万亿。2015 年，“存贷比”由监管指标调整为监测指标，《商业银行流动性风险管理办法（试行）》《商业银行杠杆率管理办法（修订）》通过。为了堵住银行信贷资产违规出表，承担隐形的回购与担保，108 号文要求信贷资产流转在银登中心集中登记，但考虑量大，登记工作先易后难，循序渐进。2016 年，监管部门承认了贷款收益权作为一项独特的财产权可以出表，82 号文进一步明确出信贷资产收益权转让方银行需要在银登中心办理转让集中登记，完成转让和集中登记的，相关资产不计入非标准化债权资产统计。金融创新过度表外化、融资业务过度同业化，引发了高层对交叉金融风险的担忧。当年，中国银监会印发《商业银行全面风险管理指引》，要求银行将“信用风险、市场风险、流动性风险、操作风险、国别风险、银行账户利率风险、声誉风险、战略风险、信息科技风险以及其他风险”纳入全面风险管理体系。印发《进一步加强信用风险管理的通知》，要求银行改进统一授信管理，按照穿透原则准确计量风险、拨备和资本。2016 年《商业银行理财业务监督管理办法》《商业银行表外业务风险管理指引》两份征求意见稿始终未能问世，显然对于这种打破银行、券商、保险等不同类型金融机构分业监管的资管业务，在缺乏协调、功能监管尚不健全的现实面前，监管仍没想好该怎么管。2016 年末，理财规模达到 29 万亿元，整个金融行业资管规模突破 100 万亿元，资管产品你中嵌我、我中套你，通道业务泛滥、大量杠杆被隐藏，谁也弄不清资管的底层资产规模到底多少。

四是专项整治银行业金融机构不规范经营。2011 年 10 月，原中国证监会主席尚福林担任中国银监会第二任主席。2012 年 1 月，银监会出台了具有持续影响力的“七不准、四公开”，即《关于整治银行业金融机构不规范经营的通知》，专项整治运动持续数年，至今仍在“四不当”（不当收费）整治中留有余威。另外一项运动是农村金融服务“三大工程”，即金融服务进村入社区工程、阳光信贷工程、富民惠农金融创新工程。

五是与国际监管标准接轨。2012 年 6 月，基于《巴塞尔协议Ⅲ》、符合国情、与国际标准接轨的《商业银行资本管理办法（试行）》出台，2013 年 1 月 1 日起正式实施。

六是重塑监管组织框架。2015 年初，中国银监会按照监管规则制定与执行相分离、审慎监管与行为监管相分离、行政事务与监管事项相分离、现场检查与监管处罚相分离的思路，从规制监管、功能监管、机构监管、监管支持四条线，对内设机构重新进行了职责划分和编制调整。主要监管部门有 17 个，即 1 厅（办公厅）、4 局（政研局、审慎局、检查局、消保局）、12 部（法规部、普惠金融部、信科部、创新部、政策银行部、大型银行部、股份制银行部、城市银行部、农村金融部、信托部、非银部、处非办）。

第二时期，即 2017 年至今，适度混业监管时期，主要特点是两会合并和加强监管统筹协调。

一是两会合并。2017 年第五次全国金融工作会议指出：“要加强金融监管协调、补齐监管短板。坚持问题导向，针对突出问题加强协调，强化综合监管，突出功能监管和行为监管。要促进金融机构降低经营成本，清理规范中间业务环节，避免变相抬高实体经济融资成本。”实质上是要求通过加强混业监管，解决分业监管带来的监管不足和监管空白等问题。2018 年 3 月 13 日，国务院官网发布

《关于国务院机构改革方案的说明》，决定将中国银行业监督管理委员会和中国保险监督管理委员会的职责整合，组建中国银行保险监督管理委员会，作为国务院直属事业单位。其主要职责是，依照法律法规统一监督管理银行业和保险业，维护银行业和保险业合法、稳健运行，防范和化解金融风险，保护金融消费者合法权益，维护金融稳定。结合近年来银监会、保监会领导层调整，行业内机构的市场表现来看，此次整合中保监会被银监会“兼并”的意味更重。同时，这也标志着1998年成立的保监会在规范运营20年后正式退出历史舞台，银行、保险之间的监管边界消弭。这是我国金融监管领域的重大变革，标志着我国“分业监管”的金融监管格局被打破，由“一行三会”转变为“一委一行两会”，向着“混业监管”的金融经济发展要求迈进。

二是加强监管统筹协调。为补齐监管短板和更高层次上推动金融监管协调，2017年7月全国金融工作会议宣布，在“一行三会”之上设立国务院金融稳定发展委员会（以下简称“金融委”）。党的十九大进一步强调“健全金融监管体系，守住不发生系统性金融风险的底线”。2017年11月，为贯彻党的十九大精神和落实全国金融工作会议要求，金融委正式成立，作为国务院统筹协调金融稳定和改革发展重大问题的议事协调机构。金融委的主要职责是：落实党中央、国务院关于金融工作的决策部署；审议金融业改革发展重大规划；统筹金融改革发展与监管，协调货币政策与金融监管相关事项，统筹协调金融监管重大事项，协调金融政策与相关财政政策、产业政策等；分析研判国际国内金融形势，做好国际金融风险应对，研究系统性金融风险防范处置和维护金融稳定重大政策；指导地方金融改革发展与监管，对金融管理部门和地方政府进行业务监督和履职问责等。与此前联席会相比，金融委的协调层次更高、职责范围更广，一定程度上标志着我国金融监管协调机制建设进入新阶段。

三是整治违规乱象。2017年，监管层延续2016年“严监管”的主基调，“依法监管、从严监管、全面监管”思想贯穿始终。从银证保监会颁布一系列文件来看，监管层在股市巨幅震荡后将防控风险作为第一要务，着眼于严肃市场纪律，保证稳中求进发展。2017 年 2 月，“一行三会”流出的“资管新规”内审稿拉开了本轮资管去杠杆的序幕，2017 年 11 月底，《关于规范金融机构资产管理业务的指导意见（征求意见稿）》出台，狂飙猛进的大资管时代开始落下帷幕，各券商通道业务的清理整顿工作陆续开展。2018 年 4 月 27 日，《关于规范金融机构资产管理业务的指导意见》正式发布，宣告了资管野蛮发展的时代的终结，主动管理规范发展时代的来临。银行监管方面，2017 年 2 月，郭树清接任银监会主席，银行业强监管时代到来。4 月前后，银监会连发八道金牌，旨在强化风险管控，补上监管短板，加快金融去杠杆，促进实体经济发展，对银行业监管要求则是风险可控、坚持商业可持续原则。四份银监办发文则针对银行业“三套利”“三违反”“四不当”“十乱象”进行专项治理整顿，尤其是过去几年银行业突飞猛进的同业业务、投资业务和理财业务成为本次专项治理的重点。保险监管方面，2017 年 4 月，项俊波接受组织审查。随后，保监会印发“35 号文”，即《中国保监会关于进一步加强保险业风险防控工作的通知》，强调当前和今后一段时期保险监管的主要任务核心是“强监管、补短板、堵漏洞、防风险，提升服务实体能力水平”，宣告了保险业野蛮扩张时期的结束。2018 年 2 月 23 日，中国保监会宣布：“鉴于安邦集团存在违反法律法规的经营行为，可能严重危及公司偿付能力，为保持安邦集团照常经营，保护保险消费者合法权益，依照《中华人民共和国保险法》有关规定，中国保监会决定于 2018 年 2 月 23 日起，对安邦集团实施接管，接管期限一年。”这预示着国家将从政府和市场两个层面对保险业的违规乱象进行深度整治。

从金融体系来看，进入高质量发展新时代，由于前期银行业重规模、求速度的发展模式，导致资金通过非标、同业、理财等嵌套投资，空转和脱实向虚现象明显，抬高了实体经济融资成本，积累了一定风险，难以适应高质量发展要求。因此，2017 年起监管层加大对金融业的整治力度，去杠杆、去通道、去池化成为监管重点，力促金融回归业务本源。传统套利模式难以为继，银行纷纷回归传统信贷业务，战略方面股份银行普遍将向轻型银行转型作为转型主题，招商银行、中信银行、兴业银行等都明确提出了轻资本、轻资产的轻型银行战略。截至 2018 年末，全国性股份行数量保持在 12 家，其中 9 家陆续完成上市（浙商银行在日股上市）。上市之后股份行迅速扩展经营领域和规模，实现了全国性的网点布局和经营。截至 2016 年全国股份行网点达 1.68 万个，十年间年均复合增速达 10.3%（2017 年受金融去杠杆影响，网点数量环比缩减至 1.54 万个）。从业人员来看，截至 2017 年末全国股份银行从业人员数量达 47.9 万人，十年年均复合增速 13.1%。

三、中国中小银行监管变迁的特征分析

（一）金融监管制度变迁具有渐进性

相对于激进式制度改革方式，中国特色的渐进式经济体制改革的特点：第一，改革过程在总体上表现为“部分改革”“分步走”“先易后难”“由浅入深”“摸着石头过河”和“循序渐进”的方式（郭田勇，2009）。第二，在旧体制改革阻力较大还“改不动”的时候，便会采取“体制外增量改革”的模式。第三，充分利用已有的组织资源推进市场取向的改革，而不是拆除原有的组织结构。与经济体制改革相一致，我国的金融监管体制改革也选择了“渐进式改革”的改革道路，表现为：中国的金融监管制度变迁一开始就确定了有步骤、分阶段、由局部到整体、由直接管理到间接管理过渡的目标；金融体制改革和金融监管制度变迁大体上与经济体制改革思路相适应，沿着市场经济的方向推进，在政府的调控下，以建立中央银行调节体系、开拓金融市场和推进国有专业银行经营机制转变为主要内容进行了一系列循序渐进、逐步深化的改革过程；从金融体制改革的成效看，虽然国有商业银行的改革取得很大进展，但治理结构方面的问题依然存在。金融体制改革的真正进展与经济体制改革的成效一样主要表现在增量方面，即在金融资源的增量方面引入市场机制，如商业性金融机构的创新、金融工具的多元化、货币市场和资本市场的快速成长等；在金

融组织结构的改革方面，充分体现了利用原有组织资源进行改组和调整的特点，重视组织之间的衔接性，而不是采取“推倒重来”的方式；与其他方面的具体制度改革相比，金融监管制度变迁的渐进性还表现在它一直是在政府慎重监控下稳定进行的，整顿金融秩序和强化宏观调控总是与市场化金融体制改革相伴而行。

（二）金融监管相对于微观金融发展的滞后性

在现实经济生活中，金融监管也要不停地变化，以适应金融活动发展的需要，这也正是金融监管理论和实践需要不断发展变化的原因之一。金融监管制度变革相对于微观金融发展的滞后性主要表现在金融监管工作中常常出现空白点，忽视或部分放弃了对某些金融领域和金融活动的监管，致使某些社会成员扰乱社会金融秩序的现象屡有发生，使金融风险呈上升或加剧之势。中国金融监管制度变革的滞后性具有其客观性。从事物本身发展规律看，先发展后规范具有必然性。而且制度的改革和完善有一个过程，作为金融监管制度核心的法规的健全也有滞后效应。因为金融监管制度是一国社会经济金融历史的产物，是为经济金融发展服务的，所以，中国较低的经济发展水平决定了金融发展水平以及金融监管制度的有效性较低，经济发展水平制约了金融监管水平。由于金融监管制度是由各国的具体国情和历史环境所决定的，政府在经济发展决策中具有举足轻重的地位，决定了中国的制度变迁方式是政府主导型。

（三）激励与约束相对等是有效金融监管的根本保障

任何公共权力的正当行使都离不开一定的激励约束机制。没有了监督，握有权柄者必然会运用自己的权力牟取私利，从而导致腐败。从经济学的角度分析，监管者也是“经济人”。当监管人员的个人目标与公共利益相抵触时，或者由于不恰当的激励机制使监管人员有意或无意地懈怠工作，缺乏积极沟通信息的动力时，监管成本肯定会上升，而收益会明显下降。一个好的激励约束机制，不仅包括经济激励，还应包括对事业满足感、认同感这些目标价值的肯定，好的激励机制会使监管政策执行成本最低，决策时滞缩短、决策信息更完备、协调更容易、失误更少，监管的成效会更大。金融监管者的激励问题对金融监管十分重要，有时甚至会关系到整个监管政策的成败（田宏杰和郑志，2009）。所以，一套完善的监督监管者的激励机制是有效金融监管的根本保障之一。

第二节 我国中小银行监管的现状分析

一、我国中小银行监管的组织架构

近年来，我国金融业发展明显加快，在综合经营趋势和监管套利驱动下，银证保信突破原有的分业经营框架，向传统监管空白地域发展，给现行的分业监管体制带来重大挑战。当前，我国金融体系呈现一些新的发展特征，诸如保险机构对冲基金化、房地产金融化、银行资产复杂化、信托机构全能化、证券机构银行化等。这些金融交叉业务模式本身蕴含大量风险，本质上都是监管套利行为，现有监管体制存在明显不足。

金融危机以来，我国金融监管改革主要体现在从提高监管标准和加强监管协调向触及监管体制根本的转变（见图 4-1）。在现实需要和国际趋势的推动下，我国于 2013 年建立了以“一行三会”为主体的金融监管协调部际联席会议制度（以下简称“联席会”），首次将金融监管协调推向正式化、制度化轨道。但近年来的实践表明这一机制存在天然缺陷①，特别是 2015 年下半年以来股市震荡、互联网金融公司跑路、汇市波动、大型银行不良“双升”不减、房地产资产泡沫、保险资金非理性运用、债市震荡、资管乱象等一系列金融风险问题相

① 金融监管协调部际联席会议的局限性较大，不改变现行金融监管体制，不替代、不削弱有关部门现行职责分工，不替代国务院决策，重大事项按程序报国务院。

继爆发说明，联席会并没有起到预期效果，无法弥补监管空白和有效抵御风险，包括协调机制在内的我国金融监管体系亟待调整。针对这一突出矛盾，党的十八届三中全会、五中全会以及“十三五规划”都有相关部署①。为补齐监管短板和更高层次上推动金融监管协调，2017 年 7 月全国金融工作会议宣布，在“一行三会”之上设立国务院金融稳定发展委员会（以下简称“金融委”）。2017 年 11 月，为贯彻党的十九大精神和落实全国金融工作会议要求，金融委②正式成立，作为国务院统筹协调金融稳定和改革发展重大问题的议事协调机构。与此前联席会相比，金融委的协调层次更高、职责范围更广，一定程度上标志着我国金融监管协调建设进入新阶段。2018 年 3 月，根据党的十九大关于深化机构和行政体制改革的精神，经党的十九届三中全会和第十三届全国人大审议通过，将银监会和保监会的职责进行整合，组建中国银行保险监督管理委员会（以下简称“银保监会”），并将银监会和保监会的原有拟订银行业、保险业重要法律法规草案和审慎监管基本制度的职责划入人民银行（见表 4-1）。

从发展演变来看，随着从高度集中的计划经济体制向社会主义市场经济体制的转变，我国金融监管体系也从中央集中管理逐步演变为以中央集中为主、地方参与为辅的双层管理格局；从临时性分散式协调机制向正式制度过渡；在国务院的领导下，各部门之间建立了会签制度和磋商机制，金融委明确对金融政策与相关财政政策、产业政策等协调职责；我国在巴塞尔委员会等国际组织中的影响力不断提升，相关监管部门与主要国家陆续签署了金融监管领域的双边合作备忘录。

---

① 习近平总书记特别指出，“要坚持市场化的改革方向，加快建立符合现代金融特点、统筹协调监管、有力有效的现代金融监管框架”。党的十九大进一步强调“健全金融监管体系，守住不发生系统性金融风险的底线”。

② 国务院金融稳定发展委员会主要职责是：落实党中央、国务院关于金融工作的决策部署；审议金融业改革发展重大规划；统筹金融改革发展与监管，协调货币政策与金融监管相关事项，统筹协调金融监管重大事项，协调金融政策与相关财政政策、产业政策等；分析研判国际国内金融形势，做好国际金融风险应对，研究系统性金融风险防范处置和维护金融稳定重大政策；指导地方金融改革发展与监管，对金融管理部门和地方政府进行业务监督和履职问责等。

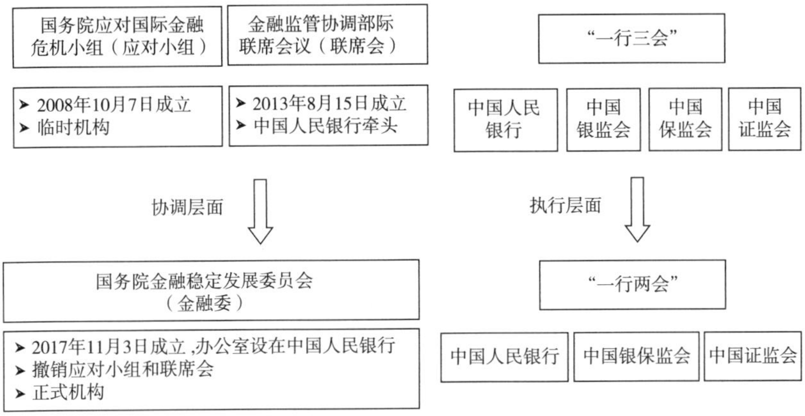

图 4-1　党的十八大以来我国金融监管体制框架演变

资料来源：作者整理。

表 4-1　我国金融监管结构变化历程

阶段	时间	特征	体制框架
建国初期	1949～1957 年	支持经济恢复和国家重建	中国人民银行：发行银行+商业银行+最原始监管者
计划经济时期	1958～1977 年	财政金融不分，金融大一统，对银行的认识有所反复	中国人民银行：副部级直属局→正部级机构（1962 年）→与财政部合署办公（1969 年）
改革开放初期	1978～1991 年	财政金融初步分开，商业银行和中央银行职能分开	中国人民银行：从财政部独立出来（1979 年）→专门行使央行职能（1984 年）+混业监管者
改革开放提速期	1992～2007 年	政策性金融与商业性金融分离，分业监管框架形成	中国人民银行→"一行三会"
应对外部冲击期	2008～2012 年 党的十八大前	应对国际金融危机的冲击	"一行三会"→"一行三会"+应对小组（2008 年）

续表

阶段	时间	特征	体制框架
风险攻坚战时期	2012 年 党的十八大至今	防范化解金融风险形势愈发严峻，进入攻坚战	应对小组+联席会（2013 年）+“一行三会”→一委（2017 年）+“一行两会”（2018 年）

资料来源：作者整理。

二、我国中小银行风险特征：监管逻辑起点

长期以来，我国中小银行资产端、负债端、权益端承受着信用风险、流动性风险和资本不足风险。针对这些风险的认识与防范，成为我国中小银行监管逻辑的起点。

我国中小银行的资产负债表长期承压，主要表现在资产端、负债端以及权益端。

（一）资产端影响分析：中小银行信用风险上升

截至 2019 年末，城市商业银行和农村商业银行的不良贷款余额分别为 4074 亿元和 6155 亿元，不良贷款率分别为 2.32%和 3.90%；大型商业银行和股份制商业银行不良贷款余额分别为 8959 亿元和 4805 亿元，不良贷款率分别为 1.38%和 1.64%；民营银行和外资银行不良贷款余额分别为 48 亿元和 94 亿元，不良贷款率分别为 1.00%和 0.67%。

2014~2019 年，城市商业银行和农村商业银行不良贷款“双升”态势明显，不良贷款平均余额分别为 1842.63 亿元和 3152.50 亿元，不良贷款率平均值分别为 1.55%和 2.90%；大型商业银行不良贷款“双升”势头有所缓解，不良贷款平均余额为 7023.00 亿元，不良贷款率平均值为 1.45%；股份制商业银行不良贷款亦呈“双升”态势，不良贷款平均余额为 3228.13 亿元，不良贷款率平均值为 1.53%；民营银行和外资银行资产状况较好，不良贷款平均余额分别为 19 亿元和

107.83 亿元，不良贷款率平均值分别为 0.67%和 0.89%。各类银行不良贷款情况如图 4-2 所示。

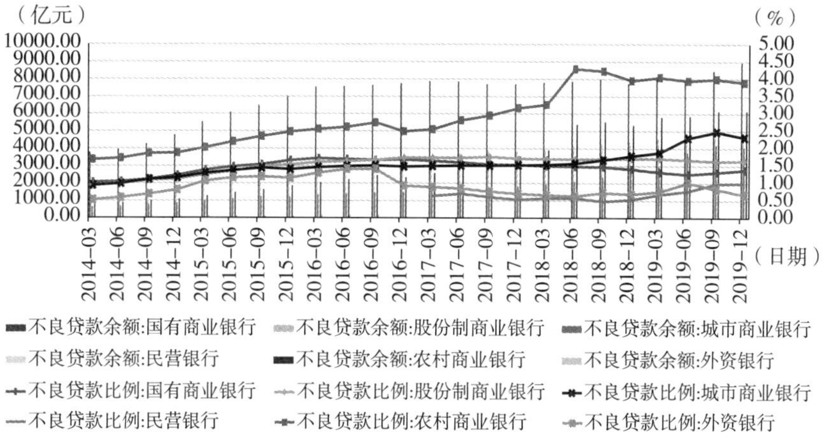

图 4-2　2014~2019 年各类银行不良贷款情况

资料来源：作者根据银保监会网站资料整理。

截至 2019 年末，城市商业银行和农村商业银行的拨备覆盖率分别为 153.96%和 128.16%；大型商业银行和股份制商业银行的拨备覆盖率分别为 234.33%和 192.970%；民营银行和外资银行的拨备覆盖率分别为 391.12%和 313.90%。

2014~2019 年，城市商业银行和农村商业银行受不良贷款“双升”态势影响，拨备覆盖率水平逐年下降，平均值分别为 213.63%和 180.49%；大型商业银行不良贷款“双升”势头有所缓解，拨备覆盖率水平有所提高，平均值为 205.70%；股份制商业银行不良贷款亦呈“双升”态势，拨备覆盖率水平有所下降，平均值为 193.66%；民营银行和外资银行资产状况较好，拨备覆盖率水平较高，平均值分别为 564.78%和 250.96%。各类银行拨备覆盖率情况如图 4-3 所示。

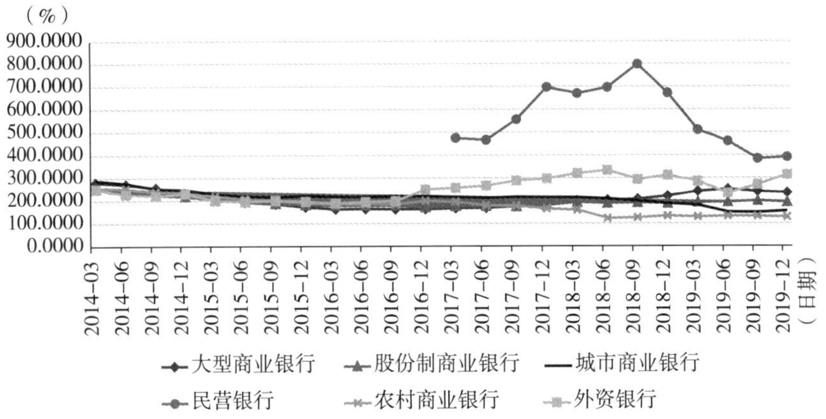

图 4-3　2014~2019 年各类银行拨备覆盖率情况

资料来源：作者根据银保监会网站资料整理。

（二）近年来负债端影响分析：中小银行流动性风险加剧

来自大型银行和金融科技公司的同业竞争愈加激烈，中小银行核心存款流失风险增加，对同业负债的依赖度加大，负债端稳健性面临考验，流动性风险随之上升。

（1）核心存款流失将进一步加速。大型银行和金融科技公司把握时机，凭借此前建立金融科技和智能风控先发优势，将以人工智能、区块链、云计算、大数据为核心的新一代技术与金融产业进行纵向的深度融合，推出了一些新的产品和服务，产生客户虹吸效应，大大压缩了中小银行市场份额。

（2）期限错配不断累积，形成流动性风险。长期以来，同业业务在支撑中小银行规模扩张的同时，也累积了大量期限错配风险。特别是 2014 年以来，在“同业存单—同业理财—自营投资、委外投资”同业套利链条中，中小银行通过短久期的同业存单筹措资金，配置长久期的同业理财产品，依靠期限错配获利。负债到期后，中小银行若流动性不足，只能滚动接续发行同业存单，以旧偿新（见图 4-4）。在盲目追求规模扩张的冲动下，中小银行不断发短买长，连续发行续做压力增加，进一步推高当前和后续的市场供给量，形成滚雪球效应，流动性风险不断累积。一旦监管趋严或是市场环境变化，中小银行若无法继续通过发行同业存单筹措资金，则会立刻出现流动性危机。

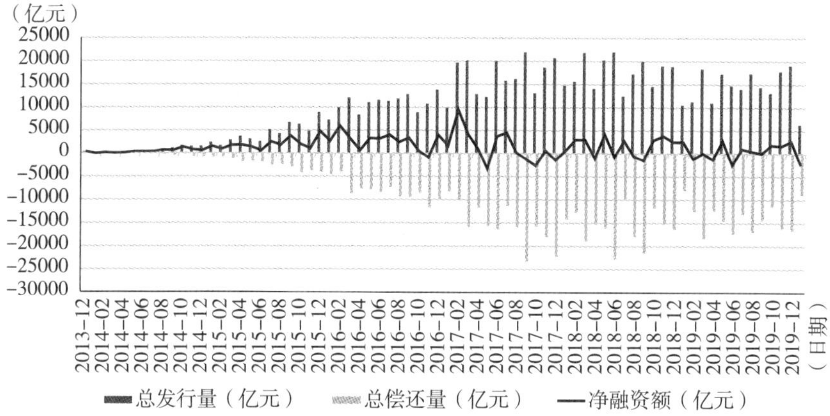

图 4-4　同业存单当月净融资额

资料来源：根据 Wind 数据计算整理得到。

（三）权益端影响分析：中小银行资本不足风险增加

与大型银行相比，中小银行资本充足率水平较低，资本补充渠道较为匮乏，难以支撑其规模扩张的速度。2014~2019 年，大型银行资本充足率为 14.46%，高于股份制银行的 11.97%、城市商业银行的 12.37%和农商行的 13.22%。如图 4-5 所示，截至 2019 年末，大型银行资本充足率为 16.31%，远高于股份制银行的 13.42%、城市商业银行的 12.70%和农商行的 13.13%。这些与中小银行资产规模快速扩张和不良率高企形成鲜明对比。（见图 4-6 与图 4-7）长期以来，为突破资本约束，中小银行通过转换资产的形式，将信贷或类信贷以回购形式转为风险权重较低的同业资产，节约资本占用，实现政策套利。

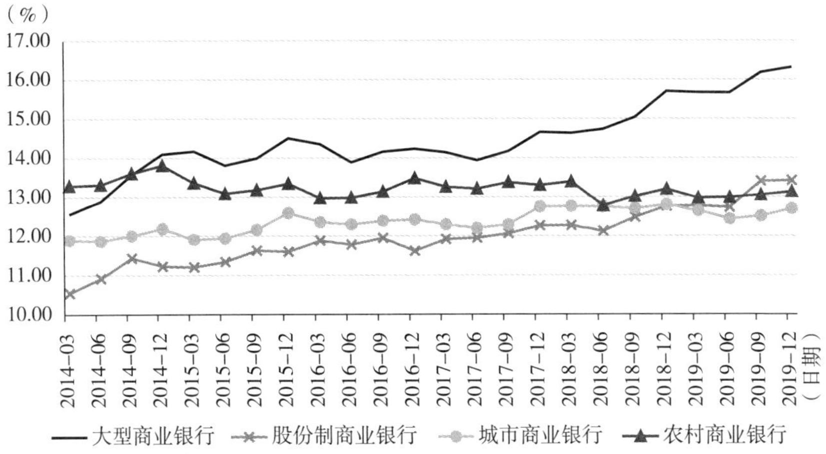

图 4-5　各类银行资本充足率

资料来源：根据 Wind 数据计算整理得到。

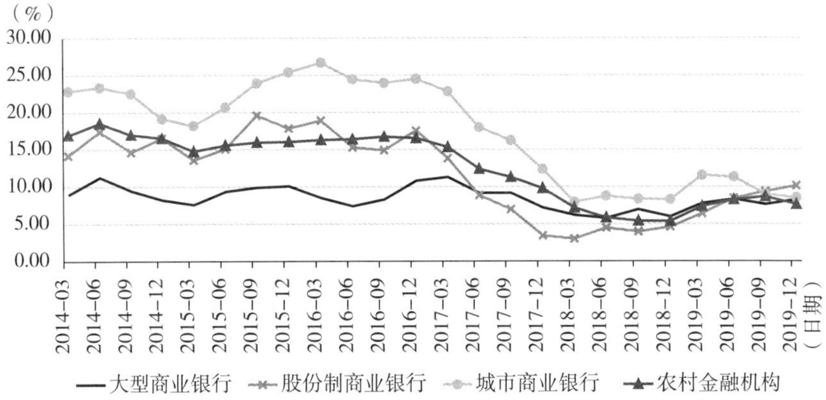

图 4-6　各类银行总资产同比增速

资料来源：根据 Wind 数据计算整理得到。

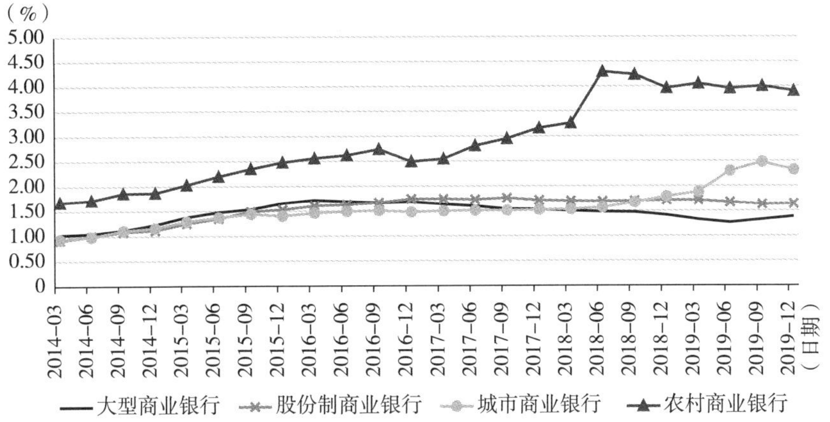

图 4-7　各类银行不良率

资料来源：根据 Wind 数据计算整理得到。

第三节　我国中小银行监管逻辑和现实困境

一、我国中小银行监管平衡性实践逻辑和现实挑战

（一）我国中小银行监管平衡性实践逻辑

中小银行监管平衡性是指准入与退出之间的平衡性。以金融体系结构调整优化为重点，持续优化融资结构和金融机构体系、市场体系、产品体系。深化金融体制改革，增加中小金融机构数量和业务比重，稳步发展民营银行，推动城商行、农商行、农信社业务逐步回归本源。同时，探索建立市场化、法治化兼并重组机制，探索高风险银行保险机构市场化退出机制。

第一，在各类资本准入上，坚持竞争中性的立法理念。近年来随着对内对外开放加速，秉持内外一致的原则，强调对民间资本、国有

资本和境外资本等各市场主体公平对待、一视同仁，在同一个规则下开展合作与竞争，形成多赢格局。

第二，积极稳妥推进混合所有制改革，有序引导民间资本依法合规进入中小银行。近年来，民间资本在各类中小银行业金融机构中的占比持续提高。中国银保监会逐步放宽社会资本发起设立农村中小金融机构的资质和持股比例，坚持成熟一家、组建一家，不设数量指标，积极稳妥推进农村商业银行组建，大力培育发展村镇银行。据银保监会披露，截至2018年末，民间资本控股的银行业机构已超过3000家。民间资本在股份制银行、城市商业银行和农村合作金融机构总股本中的占比分别超过40%、50%和80%，民营银行自2014年以来已批准开业17家。在进入村镇银行方面，从股本构成看，村镇银行由主发起人与各类社会资本共同设立，已成为民间资本进入金融业的重要途径之一。截至2019年3月末，民间资本在村镇银行中股权占比达70%，持股金额达902亿元。从设立区域看，村镇银行主要设立在县域，为当地农民、农业和农村经济发展提供金融市场服务，解决部分地区金融服务不足的问题，更加贴近“三农”和小微企业。从当前发展情况看，多数村镇银行能专注基础金融服务，贷款资金的九成投向农户和小微企业，成为服务“三农”、小微不可或缺的金融力量。

第三，坚持“低门槛、严监管”的原则，积极稳妥推进村镇银行培育发展。考虑到村镇银行存在机构规模小、经营成本高、抗风险能力弱的天然劣势，为确保村镇银行具备良好发展基础、有效防范金融风险、维护区域金融稳定和保护存款人利益，中国银监会引入主发起人制度，要求村镇银行主发起人须为银行业金融机构，并于2014年发布《关于进一步促进村镇银行健康发展的指导意见》。为鼓励各类社会资本投资入股，引导村镇银行构建多元化的股权结构，中国银监会在2015年修订《农村中小金融机构行政许可事项实施办法》时，将村镇银行主发起人最低持股比例由20%降至15%。实践证明，主发起人在村镇银行业务发展、风险管控、人才培养、科技系统支撑、流动性救助等方面提供了大量支持，有效克服了县域微小银行的脆弱性，增强了村镇银行的公信力，确保了村镇银行平稳健康发展，并积极带动了民间资本进入银行业机构。为守住不发生系统性区域性风险底线，坚持主发起人制度是必要且审慎的。经过十年发展，村镇银行培育工作取得积极成效，在健全农村金融体系、激活农村金融市场等方面发挥了积极作用，已经成为服务“三农”和小微企业的金融生力军。截至2017年9月末，全国共组建村镇银行1567家，中西部地区组建1018家，占比65%；村镇银行县（市、旗）覆盖率达到67%，其中覆盖了411个国定贫困县和连片特困地区县。已开业的村镇银行资产总额1.3万亿元，已累计向474万农户和小微企业发放贷款3.6万亿元，农户和小微企业贷款合计占比92.1%，户均贷款38万元，支农支小特色显著。

第四，以税收优惠政策支持普惠金融事业发展，鼓励金融机构服务于农村经济发展和乡村振兴战略。一是农村信用社、村镇银行、农村资金互助社、由银行业金融机构全资发起设立的贷款公司、法人机构在县（县级市、区、旗）及县以下地区的农村合作银行和农商行提供金融服务产生的收入，可以选择使用简易计税方法，按照3%的征收率计算缴纳增值税。二是自2017年12月1日至2019年12月31日，将金融机构利息收入免征增值税政策范围由农户扩大到小微企业和个体工商户，享受免税的贷款额度上限从单户授信10万元大幅扩大到100万元。此外，2018年6月，中国人民银行、中国银保监会、中国证监会、发展改革委和财政部联合发布《关于进一步深化小微企业金融服务的意见》（银发〔2018〕162号），规定从2018年9月1日至2020年底，将符合条件的小微企业和个体工商户贷款利息收入免征增值税单户授信额度上限，由100万元提高到500万元。三是对金融机构发放的农户小额贷款（10万元以下）取得的利息收入，在计算应纳税所得额时按90%计入收入总额。四是对金融企业涉农贷款和中小企业贷款按风险五级分类规定比例计提的贷款损失准备金，准予在所得税前扣除。对于上述优惠政策，符合条件的农商行和村镇银行均可依法享受。

第五，加强股东股权的审核与管理，推进农村信用社改制组建农商行、农商行增资扩股和发起设立村镇银行。从现行监管政策框架来看，并未限制国有企业、国有控股企业入股农商行或村镇银行，在其符合《中国银监会农村中小金融机构行政许可事项实施办法》（银监会令〔2015〕3号）规定的非金融机构发起人相关条件的前提下，可以入股农商行和村镇银行。但是，地方政府融资平台公司是由地方政府及其部门或机构等通过财政拨款或注入土地、股权等资产设立，承担政府公益性项目投融资功能，并拥有独立企业法人资格的经济实体。在公司治理、资金实力及资产流动性等方面难以满足监管政策要求。此外，根据《中国银监会办公厅关于加快推进农村合作金融机构风险处置工作的通知》（银监办发〔2016〕110号）要求，资本实力强、现金流全覆盖、具备商业化条件的省（地）级政府融资平台公司可过渡性持有问题机构股权，待机构恢复正常经营后，再通过引进民间资本，逐步实现融资平台公司股权退出。

第六，坚决整治不法金融集团。依法处置“安邦系”等不法分子违规构建的金融集团，做好资产清理、追赃挽损、切断传染链、引进战略投资者、规范法人治理等工作。稳步推进华融公司等机构风险处置，进一步完善公司治理机制。这些不法金融集团通过违法违规手段，采取循环注资、假出资、违规代持、隐形股东等方式入股金融机构，而且入股金融机构以后，也有违法违规的股东行为，比如不符合规定的关联交易，严重干预机构的日常经营，和机构内部人内外勾结进行不法利益输送，这都要从公司治理角度进行整治和打击。自2017年初以来开展治乱象、防风险措施以来，已经整治了一批不法金融集团，相关风险得到初步控制和有序化解。

第七，加大高风险机构风险化解力度。针对高风险中小银行保险机构，研究制定风险化解处置时间表和路线图。采取名单制管理，要求各个部门、各个地区要对辖内的中小金融机构进行排查，进行压力测试，在这个基础上制定分门别类的、一企一策、一行一策的整治措施。开展信用风险排查，做实资产质量分类，完善公司治理机制，提升风险应对能力。重点防止局部风险转移扩散，由个体风险演变为区域性、系统性风险。目前，高风险中小银行保险机构风险处置工作取得初步成效，风险总体可控。稳妥开展高风险机构违规股东股权清理整治。在包商银行等机构风险处置化解过程中，把清理违规股东股权、开展市场化兼并重组作为重要抓手，目前包商银行等机构的风险处置和改革重组工作正有序推进。对于社会较为关注的其他问题机构，相关股权重组方案目前已经相继出台，涉及的问题股东也正在有序清退。

第八，持续完善制度短板。目前，中国银保监会正在起草《商业银行破产风险处置条例》（以下简称《条例》），《条例》的起草将根据金融稳定理事会《金融机构有效处置核心要素》的相关要求，充分考虑风险处置中与ISDA协议相关的暂缓金融衍生品合同的终止净额结算权力，为快速、有序处置危机银行提供充分保障。此外，中国银保监会也将与立法部门加强沟通，推动法律制度对终止净额结算的支持和保护。同时，中国银保监会与ISDA就我国商业银行建立净额结算安排保持沟通，并与商业银行充分交换意见。2017年5月23日，中国银保监会召集中国银行等四家银行进行座谈，就净额结算安排和保证金要求等最新进展进一步沟通。

（二）我国中小银行监管平衡性现实挑战

一是因相关法规过于分散，金融风险处置难以做到统一、高效。有关问题金融机构风险处置的法律条款分散于《中国人民银行法》《商业银行法》《银监法》《存款保险条例》《金融机构撤销条例》等法律法规中，立法方面缺乏顶层设计，呈现碎片化特征，不利于执行。

二是"重救助、轻退出"严重影响中小银行市场化退出机制的建设。在我国，长期以来"重救助、轻退出"一直困扰着中小银行市场化退出机制的建设。当中小银行发生危机时，国家更倾向于救助，而忽视了市场化退出机制的作用。历史上，虽然处置过个案，但大多采用行政干预的方式，没有一个相对成功运用市场化退出的案例，也没有一个制度化的市场化退出渠道。鉴于我国金融市场特别是资本市场、债券市场等直接融资体系仍较为孱弱，出于维护金融稳定、为实体经济发展创造有利金融环境等因素的考虑，我国在处理中小银行市场退出问题时往往采取较为谨慎的方式，特别是问题机构所属地方政府在处置中小银行风险时往往表现出浓厚的"父爱主义"情结。其结果往往是进一步扭曲金融市场机制，不利于金融体系的长期健康发展。历史证明，中小银行市场化退出机制的缺失，加重了国家的财政负担，加大了中小银行的道德风险，危及金融业乃至经济社会的安全稳定和有序发展。

三是中小银行治理问题较为突出，严重影响到其长期稳健发展。中小银行特别是农村中小银行股东股权存在一些突出问题。部分机构关联交易控制不足，未制定关联交易管理制度，关联方授信余额未纳入全面授信管理，甚至通过不当关联交易进行利益输送。如某农商行向 9 户关联人发放 2.46 亿元贷款，利率明显低于该行平均水平。部分机构股权质押管理不规范，制度建设、流程管理和内控机制不健全。如排查发现 225 家机构办理股权质押未在股东名册或股权管理系统中记载质押信息。少数机构部分股东通过违规筹资、资质造假、委托代持等方式入股；少数股东集团突破入股机构家数限制形成“资金系”。如某公司通过关联公司入股 19 家农合机构，最高实际持股比例超过 40%。少数机构股东通过隐性关联谋求控制主导经营，越权干预机构经营，服务自身利益；甚至指使机构向其发放贷款后拒不归还，恶意“掏空”机构，将其作为自身“提款机”。

二、我国中小银行监管差异性实践逻辑和现实挑战

（一）我国中小银行监管差异性实践逻辑

我国监管差异性实践逻辑主要立足于机构类型，而非大银行和中小银行的概念划分。

在具体实践中，我国结合国情，不断探索自身中小银行监管差异性道路建设。

第一，建立“三位一体”分类监管体系。目前，我国已逐步建立了以机构类型划分、监管评级和系统重要性评估为主要特征的“三位一体”分类监管体系。一是根据不同机构类型进行机构监管。二是建立以监管评级为核心的风险监管体系，根据评级采取不同监管措施，合理配置监管资源。三是推进系统重要性评估方法研究，对系统重要性程度高的银行，实施更加严格的监管。

第二，实施差异化监管要求。一是初步依据资本充足性实施。目前，我国已逐步建立按照不同类别商业银行的资本充足率情况，确定拨备覆盖率和贷款拨备率最低监管要求（如表4-2所示）。二是依据资产规模实施。2018年5月，中国银保监会发布《商业银行流动性风险管理办法》（银保监会令〔2018〕3号），新增净稳定资金比例、优质流动性资产充足率、流动性匹配率三个量化指标，弥补了之前对资产规模在2000亿元以下的中小银行缺乏有效监管的短板，以鼓励中小银行抑制同业，优化期限错配，重视存贷，引导银行业回归本源，支持实体经济。2018年第一季度《货币政策执行报告》中指出，中国人民银行于2019年第一季度评估时将资产规模5000亿元以下金融机构发行的同业存单纳入MPA考核。三是依据机构类型实施。结合农村中小金融机构特点和地方经济发展实际，制定出台了一系列差异化监管政策要求，指导督促农商行、村镇银行走差异化、特色化、专业化发展道路，有效服务支农支小和地方经济发展。2013年，印发了《中国银监会办公厅关于农村商业银行差异化监管的意见》（银监办发〔2013〕136号），按照“分类指导、扶优限劣”原则，对农商行实施激励相容的差异化监管政策；适当提高农村中小金融机构涉农和小微企业不良贷款监管容忍度；对符合支农支小监管要求，具备相应风险管控能力的，在机构准入和监管评级时可给予适当政策倾斜；制定涉农、扶贫金融服务尽职免责制度等。2019年12月，中国银保监会办公厅印发《关于推动村镇银行坚守定位　提升服务乡村振兴战略能力的通知》，对村镇银行建立专注主业、服务实体经济的特色指标考核监测体系，引导其坚守战略定位，更好地服务乡村振兴战略。

表4-2　依据资本充足性差异化监管要求

资本充足率（系统重要性银行）	资本充足率（非系统重要性银行）	拨备覆盖率最低监管要求	贷款拨备率最低监管要求
13.5%及以上	12.5%及以上	120%	1.5%
[12.5%，13.5%)	[11.5%，12.5%)	130%	1.8%

续表

资本充足率（系统重要性银行）	资本充足率（非系统重要性银行）	拨备覆盖率最低监管要求	贷款拨备率最低监管要求
[11.5%，12.5%)	[10.5%，11.5%)	140%	2.1%
11.5%以下	10.5%以下	150%	2.5%

注：涉及中小银行拨备覆盖率最低监管要求截至2020年4月21日前。
资料来源：银保监会网站。

第三，中小银行专项整治工作。一是加大了股东股权违法违规乱象治理力度。2017年6月，印发《关于加强农村商业银行股东股权管理和公司治理有关事项的意见》（银监办发〔2017〕99号），弥补监管制度短板，提升农村商业银行公司治理有效性。2018年3月，印发《关于开展农村合作金融机构股东股权乱象专项排查整治工作的通知》（银监办发〔2018〕60号），深入排查整治股东股权领域乱象，夯实农村商业银行公司治理基础。2018年5月，印发《关于开展农村商业银行"强化公司治理年"工作的通知》（银保监办发〔2018〕43号），针对公司治理关键环节，督促做好重点工作，切实推动农村商业银行深化改革和稳健发展。从2018年起，中国银保监会对农村中小机构开展了专项排查，目前已责令违规股东转让股权33.4亿股，对74家机构合计处罚5165万元。2019年，银保监会针对股东股权与关联交易问题开展了专项整治，查处了3000多个违规问题，清理了1400多个自然人或者法人代持的股东。与此同时，中国证监会在2002年发布《上市公司治理准则》后，通过修订出台《上市公司章程指引》《上市公司股东大会规则》《公开发行证券的公司信息披露编报规则第26号——商业银行信息披露特别规定》等制度，逐步构建了较为完备的上市公司治理制度体系，进一步强化商业银行信息披露要求，促进上市农村商业银行提高公司治理水平。二是规范异地非持牌经营行为。2017年，中国银监会印发《关于集中开展银行业市场乱象整治工作的通知》（银监发〔2017〕5号），将"未经批准擅自设立分支机构、网点"作为市场乱象的相关表现形式进行整治。2018年，印发《关于进一步深化整治银行业市场乱象的通知》（银监发〔2018〕4号），持续将“未经审批设立机构并展业”纳入违法违规范畴进行整治。2018年12月，印发《关于规范银行业金融机构异地非持牌机构的指导意见》（银保监发〔2018〕71号），进一步规范银行业金融机构异地非持牌经营行为，提出中小金融机构应当坚守市场定位，深耕当地市场，为“三农”与小微企业提供优质金融服务。

第四，实施阶段性监管调整，以便应对外部冲击压力。2020年4月21日，国务院常务会议决定，将中小银行拨备覆盖率监管要求阶段性下调20个百分点，以释放更多信贷资源，提高服务小微企业能力。鉴于此前拨备覆盖率监管要求已由150%①调整到120%～150%②，此次针对中小银行拨备覆盖率监管要求下调，最低监管要求将在100%～130%，有助于缓解中小银行特别是部分接近监管红线的城商行的拨备压力。

（二）我国中小银行监管差异性现实挑战

与美日相比，我国中小银行监管缺乏一整套差异性方案。在实践中，更是表现为碎片化或是临时性的特点，缺乏整体性和长期性的规划设计，不利于中小银行长期稳健发展。

第一，监管差异性标准混淆问题。实践中，因监管职责分工或国内外监管标准转换等原因，出现了以系统重要性标准来替代监管差异性的现象。事实上，不宜简单套用系统重要性的概念。系统重要性银行不能完全等同于大银行，非系统重要性银行也不能完全等同于中小银行。如包商银行，属于典型的中小银行，但是从资金传导路径来看，却具有一定的系统重要性。

第二，监管差异性标准界限并不统一。根据中国人民银行、中国银监会、中国证监会、中国保监会、国家统计局关于印发《金融业企业划型标准规定》的通知（银发〔2015〕309号），银行业存款类金融机构

① 2011年7月，中国银监会发布《商业银行贷款损失准备管理办法》（银监会令〔2011〕4号）规定，贷款拨备率基本标准为2.5%，拨备覆盖率基本标准为150%。该两项标准中的较高者为商业银行贷款损失准备的监管标准。

② 2018年2月，中国银监会下发《关于调整商业银行贷款损失准备监管要求的通知》（银监发〔2018〕7号），明确将拨备覆盖率监管要求由150%调整到120%～150%，贷款拨备率监管要求由2.5%调整到1.5%～2.5%。

分类标准如下：资产总额 40000 亿元以下的为中小微型企业。其中，资产总额 5000 亿元及以上的为中型企业，资产总额 50 亿元及以上的为小型企业，资产总额 50 亿元以下的为微型企业。但是，实践中有所出入。各监管部门出台相关监管措施，并没有统一的界限标准。或依据机构类型，或依据资产规模，然而界限并不统一，从 2000 亿元、5000 亿元①、2 万亿元不等。如中国人民银行以 2 万亿元作为划分中资大型银行和中资中小型银行的标准②，中国银监会则倾向于 2000 亿元③。

第三，监管差异性标准不够动态。无论是 2007 年交通银行，还是 2019 年邮政储蓄银行，加入大型银行监管范畴某种程度上都是适应金融体系发展的需要。无独有偶，美国也相应调整了银行分类标准。相比之下，我国监管分类标准动态性还是有一定的差距。

第四，监管差异性方向问题。理论上，监管差异性应当更多体现在大银行监管应当比中小银行更加严格。但在我国，多数监管要求是统一执行的。对于一些中小银行特别是部分农村中小银行，出于对其风险承担能力的担忧，监管标准可能要高于平均水平④。

三、我国中小银行监管公平性实践逻辑和现实挑战

（一）我国中小银行监管公平性实践逻辑

我国中小银行监管公平性是基于金融结构整体布局来进行实践。

---

① 中国人民银行于 2019 年第一季度评估时将资产规模 5000 亿元以下金融机构发行的同业存单纳入 MPA 考核。

② 即中资大型银行是指本外币资产总量大于等于 2 万亿元的银行（以 2008 年末各金融机构本外币资产总额为参考标准），包括中国工商银行、中国建设银行、中国农业银行、中国银行、国家开发银行、交通银行和邮政储蓄银行；中资中小型银行指本外币资产总量小于 2 万亿元的银行（以 2008 年末各金融机构本外币资产总额为参考标准）。

③ 中国银保监会发布《商业银行流动性风险管理办法》规定，资产规模小于 2000 亿元人民币的商业银行应当持续达到优质流动性资产充足率、流动性比例和流动性匹配率的最低监管标准。

④ 根据规定，农村资金互助社对前十大户贷款总额不得超过资本净额的 50%，对单一社员的贷款总额不得超过资本净额的 15%，对单一农村小企业社员及其关联企业社员、单一农民社员及其在同一户口簿上的其他社员贷款总额不得超过资本净额的 20%等贷款集中度监管标准，其中后两项标准均高于商业银行监管标准 5 个百分点。

换言之，在未来一段时期内，在推动形成多层次、广覆盖、有差异的银行保险机构体系过程中，中小银行功能定位和发展方向是这一实践逻辑的基础所在。

2019 年 12 月，中国银保监会发布《关于推动银行业和保险业高质量发展的指导意见》（银保监发〔2019〕52 号，以下简称“52 号文”），提出发展目标为“到 2025 年，实现金融结构更加优化，形成多层次、广覆盖、有差异的银行保险机构体系。公司治理水平持续提升，基本建立中国特色现代金融企业制度。个性化、差异化、定制化产品开发能力明显增强，形成有效满足市场需求的金融产品体系。信贷市场、保险市场、信托市场、金融租赁市场和不良资产市场进一步健全完善。重点领域金融风险得到有效处置，银行保险监管体系和监管能力现代化建设取得显著成效”。

涉及开发性、政策性银行，“52 号文”提出要明确细化业务边界，严格执行交办程序，落实开发性政策性业务和自营性业务分账管理、分类核算要求，强化法规约束、资本约束和市场约束，有效服务国家重大战略和薄弱环节。

涉及大型商业银行，“52 号文”提出要在“做强”上下功夫，根据自身发展战略、经营特色和客户需要，理顺管理体制，加强各业务条线、各子公司的服务整合、流程衔接和系统融合，提升综合金融服务水平。借助现代科技手段发展线上业务，增强普惠金融服务能力。

涉及股份制商业银行，“52 号文”提出要坚持差异化市场定位，实现特色化经营，形成具有比较优势的业务模式，不断提升核心竞争力。

涉及中小银行，“52 号文”提出增强地方中小银行金融服务能力。城市商业银行要建立审慎经营文化，合理确定经营半径，服务地方经济、小微企业和城乡居民。农村中小银行要坚持支农支小市场定位，增强县域服务功能，支持乡村振兴战略，助力打赢精准脱贫攻坚战。在保持县域法人地位总体稳定的前提下，因地制宜对农村信用联社和农村合作银行实施股份制改造。优化社区金融服务，鼓励银行机构采用线上线下多种形式延伸服务网络，为社区企业居民提供方便快捷的金融服务。继续推动符合条件的民营银行发起设立。稳妥推进投资管理型村镇银行和“多县一行”制村镇银行试点。

涉及保险机构，“52 号文”提出强化保险机构风险保障功能。保险机构要回归风险保障本源，发挥经济“减震器”和社会“稳定器”作用，更好地为经济社会发展提供风险保障和长期稳定资金。支持发展相互保险、健康和养老保险等机构。推动构建新型保险中介市场体系。完善农业保险大灾风险分散机制，加快设立中国农业再保险公司。增强出口信用保险市场供给能力，推进再保险市场建设，扩大巨灾保险试点范围。保险机构要提升风险定价、精细化管理、防灾防损、资产负债管理等方面的专业能力，精准高效满足人民群众各领域的保险需求。

涉及外资银行保险机构，“52 号文”提出积极推动外资银行保险机构发展。外资银行保险机构要发挥境外母公司在产品研发、人才和技术等方面的优势，创新业务模式，丰富金融服务供给，提升市场活力和竞争力。鼓励外资银行加强与母行联动，发展贸易融资、中小企业融资、大宗商品融资、财富管理等特色业务，积极服务对外贸易和投资。外资银行保险机构要优化网点布局，合理增设中西部和东北地区分支机构。

涉及非银行金融机构，“52 号文”提出培育非银行金融机构特色优势。支持符合条件的商业银行设立理财子公司，推动理财业务规范转型，促进理财资金以合法、规范的形式进入实体经济。信托公司要回归“受人之托、代人理财”的职能定位，积极发展服务信托、财富管理信托、慈善信托等本源业务。金融资产管理公司要做强不良资产处置主业，合理拓展与企业结构调整相关的兼并重组、破产重整、夹层投资、过桥融资、阶段性持股等投资银行业务。鼓励企业集团财务公司加强集团资金集中管理，提高集团资金使用效率。鼓励金融租赁公司拓展租赁物的广度和深度，优化金融租赁服务。

涉及融资结构，“52 号文”提出发挥银行保险机构在优化融资结构中的重要作用。银行保险机构要健全与直接融资发展相适应的服务体系，运用多种方式为直接融资提供配套支持，提高直接融资比重。

有效发挥理财、保险、信托等产品的直接融资功能，培育价值投资和长期投资理念，改善资本市场投资者结构。大力发展企业年金、职业年金、各类健康和养老保险业务，多渠道促进居民储蓄有效转化为资本市场长期资金。鼓励各类合格投资机构参与市场化法治化债转股。

（二）我国中小银行监管公平性现实挑战

从各国实践看，监管公平性是一个永恒的话题。现代金融市场和信息技术发展使传统金融监管体制面临诸多不适应性，全局性穿透式监管的缺失易造成监管真空，埋下风险隐患。

第一，因监管制度短板导致的监管公平性问题。目前我国已经建立了金融监管法律制度总体框架，但一些领域立法滞后，甚至无法可依，金融监管缺乏完备的法律支撑，难以做到有效落实。一是因修订更新不及时，存在立法滞后的问题。现行《中国人民银行法》《商业银行法》《银监法》《保险法》等已不能完全适应经济发展的客观需要，对投资人和消费者保护不够。二是因上位法缺位而无法可依，监管主体和监管规则不明确。对金融控股公司、小额贷款公司、典当行、地方资产管理公司、非法集资处置等缺乏上位法依据，投资咨询、投资管理等中介机构没有明确监管主体和监管规则，金融广告监管缺失。三是因缺乏具体可操作性规定，难以发挥法律威慑作用。对严重违规行为处罚依据明显不足，处罚力度明显不够，难以对股东形成有效约束和惩戒。对内幕交易、欺诈发行、非法集资等违法违规行为执法手段不足，违法成本偏低。

第二，因与信息技术发展不适应导致的监管公平性问题。以云计算、大数据、物联网、人工智能、区块链等金融科技驱动的部分数字金融领域，具有去中心化、去中介化的交易特点，传统监管体制难以达到该领域监管所需的数字化、实时性、智能化、共享性等要求，亟须探索以功能监管、行为监管为主的监管体制框架转型。

第三，与现代金融市场发展不适应导致的监管公平性问题。由于发展和逐利的驱动，现代金融市场各种形式的机构、产品和服务创新层出不穷。比如，金融控股公司等机构以交叉持牌或交叉持股等不同形式介入多种业务领域，跨市场金融产品以传统或互联网金融形式迅速发展，这些金融活动隐蔽性强，甚至跨区经营，处于灰色地带或监管盲区。与金融业对内对外开放要求不相适应，外汇保证金交易业务、境内个人境外资本性消费等领域，存在监管空白。

第四，体制外监管缺失导致的监管公平性问题。传统金融监管体制地方或局部色彩浓厚，为减控辖内风险普遍实施严格的准入管制，造成体制内金融压抑，把社会融资需求逼入表外或地下，造成体制外民间融资活动在线下线上野蛮生长，各类非法集资及其大规模广告宣传处于无监管状态。由于这些活动非监管部门批准，监管部门对这些体制外高风险融资活动并不重视，甚至听之任之。

四、我国中小银行监管协调性实践逻辑和现实挑战

（一）我国中小银行监管协调性实践逻辑

从近期改革来看，不论是联席会，还是层级更高的金融委以及银保合并，这些都显示出近年来我国在完善金融监管协调性上做出的努力，即不断推动从信息共享向制度建设渐进式转变。近年来，我国金融业发展明显加快，特别是在综合经营趋势和监管套利驱动下，银证保信突破原有的分业经营框架，向传统监管空白地域发展，对现行的分业监管体制带来重大挑战。当前，我国金融体系呈现出一些新的发展特征，诸如保险机构对冲基金化、房地产金融化、银行资产复杂化、信托机构全能化、证券机构银行化等。这些金融交叉业务模式本身蕴含大量风险，本质上都源自监管套利行为，原有“一行三会”监管体制存在明显不足，监管主体责任难以明确乃至互相推诿，联席会作用有限。从“矩阵”评价体系来看，与国际社会相比，这一时期我国金融监管结构尚不足以有效引导各金融机构、金融产品甚至一些新型金融业态有序发展和稳健运行，不能完全适应防范我国系统性风险的迫切需求，还达不到党的十八届三中全会提出的“完善金融市场体系，完善监管协调机制”和“加强统筹协调，改革和完善适应现代金融市

场发展的监管框架”的要求，更不满足党的十九大进一步强调“健全金融监管体系，守住不发生系统性金融风险的底线”的基础。在此背景下，金融委以及银保监会的成立是恰逢其时，有助于提高我国金融监管结构的适配性和统筹协调性。

在央地监管协调方面，2020 年 1 月，经国务院同意，国务院金融稳定发展委员会办公室（以下简称金融委办公室）印发《国务院金融稳定发展委员会办公室关于建立地方协调机制的意见》（金融委办发〔2020〕1 号）。目前，全国各省（区、市）均已建立金融委办公室地方协调机制。

（二）我国中小银行监管协调性现实挑战

由于缺乏统一的金融监管协调法，金融委、央行、银保监会、金融业综合统计及跨部门共享、地方协调机制初步建立且效果有待观察，监管冲突和空白地带职责分工有待进一步明确，我国中小银行监管协调性仍面临严峻的挑战。

一是信息共享不畅，难以对金融监管形成有效支撑。《银监法》《保险法》《存款保险条例》等规定金融管理部门间应建立信息共享机制，但均较为原则，不利于具体执行。

二是政策制定层面协调不到位，监管标准不统一，诱发政策套利。银行理财子公司与非银行金融机构之间、信贷资产证券化产品、非标准化债权类资产等相同性质（类型）的金融服务（产品），以及外债管理、债券市场、金融基础设施、不良资产处置、消费者权益保护等领域都不同程度地存在多头监管问题，标准不一致，存在政策套利空间。

三是政策执行层面协调不足，监管权责不清晰，产生监管空白甚至冲突，影响了风险防范与处置的有效性。各部门均有自己的风险监测与预警系统、非现场监管与现场检查机制以及风险处置流程，但囿于地盘意识和自身利益，彼此间共享和协作均不畅，对于一些突发风险领域，特别是跨市场跨业态领域的金融风险，难以第一时间进行深入分析、精准判断和形成一致意见。实践中，更是因权责边界不明确而出现各自为政，甚至相互推诿，产生监管空白或是冲突等问题。

四是地方层面金融监管协调机制效果有待观察。虽然全国各省（自治区、直辖市）均已建立金融委办公室地方协调机制，但在实践中地方金融监管局（金融办）承担统筹地方金融管理的具体工作，有凌驾于“一行两局”之上的倾向，对地方干预的纠偏问责机制尚未形成，使得金融监管大打折扣或是造成偏差。跨区域监管协作机制尚未建立健全，风险监管和处置责任不清，以互联网金融为代表的突破属地范畴等新问题不断出现。

第五章　我国中小银行监管体系设计

近期，国务院金融稳定发展委员会连续多次会议聚焦中小银行，其稳健发展已关乎打赢防范化解重大金融风险攻坚战的全局，可谓是牵一发而动全身。基于“四性”原则，即监管平衡性、监管差异性、监管公平性、监管协调性，重塑我国中小银行监管体系。

第一节　我国中小银行监管体系整体设计

一、我国中小银行监管体系设计的主要内容

一是中小银行监管体制没有最优的模式，只有最适合的模式，要从实际出发、从国情出发。

二是基本原则，即从理论逻辑和实践路径来看，中小银行监管框架设计遵循“四性”原则，即监管平衡性、监管差异性、监管公平性、监管协调性。

三是中小银行准入与退出应遵循监管平衡性原则。中小银行作为市场主体，无论准入还是退出，都是市场选择的必然结果。

四是中小银行与大银行之间应遵循监管差异性原则。这既关系到这两类银行的市场定位问题，又涉及整个金融体系的结构设计问题。

如何在避免“一刀切”和避免政策套利之间取得平衡，是监管差异性需要考虑的问题。

五是中小银行与其他金融机构之间应遵循监管公平性原则。需要避免一些存款类金融机构因享有一定的税收等方面的政策优惠，对中小银行产生强大的竞争压力，甚至扭曲金融体系的监管公平性。

六是各监管主体间监管协调性原则。上下级监管机构之间、同级监管机构之间、金融监管部门与地方政府之间的职责分工是否界定清晰，统筹协调是否顺畅，都会影响到中小银行监管的及时性和有效性。

二、把握我国中小银行监管体系设计的关键点

借鉴国际经验，结合我国实际，基于“四性”原则，提出我国中小银行监管体系设计的关键之处，从而提升中小银行监管的及时性和有效性。

（一）我国中小银行监管平衡性设计的关键点

在我国，长期以来“重救助、轻退出”一直困扰着中小银行市场化退出机制的建设。当中小银行发生危机时，国家更倾向于救助，而忽视了市场化退出机制的作用。历史证明，中小银行市场化退出机制的缺失，加重了国家的财政负担，加大了中小银行的道德风险，危及金融业乃至经济社会的安全稳定和有序发展。

鉴于中小银行准入与退出应遵循监管平衡性原则，未来我国相关体系设计应突出以下关键点：一是积极鼓励并合理引导各类资本进入中小银行；二是以存款保险为平台，积极探索出问题银行风险处置的中国之路；三是加快完善我国中小银行公司治理。

（二）我国中小银行监管差异性设计的关键点

与美日相比，我国中小银行监管缺乏一整套差异性方案。在实践

中，更是表现为碎片化或是临时性的特点，缺乏整体性和长期性的规划设计，不利于中小银行长期稳健发展。

鉴于中小银行与大银行之间应遵循监管差异性原则，未来我国相关体系设计应突出以下关键点：一是实施动态的银行分类标准。二是做实以资本充足率为核心的及时纠正措施。三是引导中小银行走差异化竞争之路。四是多渠道补充中小银行资本金。

（三）我国中小银行监管公平性设计的关键点

在我国，现代金融市场和信息技术发展使传统金融监管体制面临诸多不适应性，全局性穿透式监管的缺失易造成监管真空，埋下风险隐患。主要有四方面问题，即因监管制度短板导致的监管公平性问题、因与信息技术发展不适应导致的监管公平性问题、与现代金融市场发展不适应导致的监管公平性问题、体制外监管缺失导致的监管公平性问题。

鉴于中小银行与其他金融机构之间应遵循监管公平性原则，未来我国相关体系设计应突出以下关键点：一是加快补齐监管制度短板，健全金融监管法律体系；二是加速中小银行数字化经营转型；三是推动行业自律工作，维护公平市场环境。

（四）我国中小银行监管协调性设计的关键点

由于缺乏统一的金融监管协调法，金融委、央行、银保监会、金融业综合统计及跨部门共享、地方协调机制初步建立且效果有待观察，监管冲突和空白地带职责分工有待进一步明确，我国中小银行监管协调性仍面临严峻的挑战。

鉴于各监管主体间监管协调性原则，未来我国相关体系设计应突出以下关键点：一是促进中央层面金融监管协调；二是完善地方金融监管协调机制。

第二节　我国中小银行监管平衡性框架优化与政策设计

一、积极鼓励并合理引导各类资本进入中小银行

在规范开展中小银行准入工作的同时，督促中小银行严格遵守各项审慎监管标准及监管要求，梳理中小银行当前适用的监管法规及政策，适时动态调整监管政策，填补政策空白，为中小银行发展创造良好的制度环境。按照“抓定位、防风险、促发展”的思路，继续支持符合条件的各类资本发起设立中小银行，完善中小银行准入和持续监管政策，支持优质企业投资入股中小银行，会同相关部门进一步推进中小银行体系建设，为中小银行发展创造良好政策环境，助力农村供给侧结构性改革。

坚持金融主体市场化的改革方向，积极推动民间资本进入中小银行。持续推进民营银行常态化发展。按照“成熟一家、设立一家，不一哄而起”的原则，及时进行可行性研究和尽职调查，实时跟踪各地申设进展情况，并积极向中西部省份倾斜，在与地方政府充分沟通的基础上，稳妥有序推进民营银行设立工作。继续督促村镇银行保持支农支小定力，积极开展面向“三农”和小微企业的差异化、特色化服务，着力打造专业化、精细化支农支小的县域法人银行。

注重制度建设，在股东资格的审查和优化股权管理方面，切实把有专业能力、有长期诚信记录的国内外专业机构引进来作为这些机构主要的股东。

二、积极探索问题银行风险处置的中国之路

理论上看，银行化解风险的方式是多层次的：一是银行调整自己，

自我消化，通过补充资本，提高自身抵御风险的能力；二是重组；三是收购兼并；四是借助外部力量接管；五是破产，但这种方式在国际上较为少见，因为银行牌照还是有价值的，大部分都是通过收购兼并的方式。

成熟市场中，在激烈的市场竞争下，问题银行退出市场并非稀奇事。美国联邦存款保险公司研究表明，美国每三家社区银行只有一家能够生存，高效的退出机制是银行业平稳运行的保障。问题银行的处置方式主要包括承接收购、过桥银行以及破产清算。同时，存款保险制度的完善性对于银行处置的效率起着至关重要的作用。

要积极探索以存款保险为平台，建立市场化法治化的金融机构退出机制。探索建立金融机构主体依法自主退出机制和多层次退出路径。在金融机构市场化退出中，要发挥存款保险基金和各行业保障基金的作用。存款保险基金应及时通过收购承接、过桥银行、经营中救助和存款偿付等方式处置风险，以保护存款人利益、维护金融和社会稳定。

尽快建立问题银行风险处置信息披露机制和舆情监测体系。建议由国务院金融稳定发展委员会（以下简称“金融委”）办公室牵头，建立问题银行风险处置信息披露机制，与相关部门确定方案后，选择恰当时机，对外公布信息。信息披露要做到“三个一致”，口径要一致，主体要一致，时间要一致。同时，建立全流程舆情监测体系，舆情监测要实时，舆情引导要及时。党媒党刊应同步发声，引导公众预期，切断对银行业信心不足的担忧，避免预期自我实现。对一些不实的负面舆情要协调中宣部、网信办等，果断进行封堵，严厉打击造谣传谣行为。

依据风险程度和成因来对症下药，风险处置要做好权责划分，避免“一事一议”。若仅是流动性存在问题的，可采用中国人民银行救助、资产变现和大股东支持等方式，监管机构负责后续监督纠偏工作，地方政府要积极协助，必要时要果断发声并采取行动。若还存在资本严重不足、不良包袱沉重或公司治理缺失的，可首先尝试利用市场化兼并收购方式，但要对收购方的资质严格把关；若无法采用市场化方式的，可采用“引战+注资+化解不良+公司治理重组”方式，地方政府应压实属地风险处置责任，中国人民银行和存保机构提供支持，若地方财政实力不足，可由中国人民银行提供再贷款，但地方财政应负责偿还，或者地方财政可向中央财政专项借款，中央财政再从转移支付中扣除。若上述所有手段均尝试无效的，少数实在无法挽救的“僵尸银行”，可直接实施市场退出。

由金融委牵头，统筹建立“事前—事中—事后”全流程协调机制。构建“事前—事中—事后”全流程监管协调机制，加强事前的风险监测与预警评估，事中的非现场监管与现场检查及事后的风险化解与处置，统筹开展监管活动，提高监管针对性和有效性。具体任务：一是统筹建立事前风险监测与预警评估体系，尤其要加强风险传递机制的研究，阻断风险传染和扩散，避免处置风险的风险。二是统筹建立事中非现场监管与现场检查合作体系，尤其要对交叉领域风险统一部署统一行动，开展联动监管执法，严厉打击各类违规套利行为，实现监管“一张网”。三是统筹建立事后的风险化解与处置体系，积极探索以存款保险为平台，建立市场化、法制化的问题金融机构早期纠正和风险处置机制。

三、加快完善我国中小银行公司治理

完善公司治理是化解中小银行风险的抓手。公司治理是现代企业制度的核心内容。与一般企业相比，银行公司治理具有行业特殊性。国际上，因银行公司治理缺陷而造成的银行风险乃至金融危机时有发生，加强银行公司治理和强化公司治理监管成为世界各国银行和监管当局的共同选择。

健全中小银行公司治理组织架构，促进党的建设和公司治理的有机融合。明确“三会一层”职责分工，加强协作，相互配合，各负其责、各尽其职、不越位、不缺位，形成公司治理合力。健全管理机制，明确对董事会、监事会、高管层的履职要求与评价标准，加强对失职行为的责任追究。强化风险治理，完善内部控制体系。

制定可持续的利润分配政策，在追求股东价值最大化的同时，要统筹考虑客户、员工、社会公众等其他利益相关者的利益。坚持激励与约束相统一的原则，设置科学合理的考评指标，建立高级管理人员薪酬与责任、风险、经营业绩相挂钩的考核机制。充分发挥党组织在公司治理中的积极作用，畅通党组织与董事会、监事会、高管层的沟通协调机制，建立适应现代企业制度要求和市场竞争需要的选人用人机制。

加强股东管理，进一步优化中小银行股权结构。加强股东管理，中小银行选择股东时要将战略理念和发展文化作为重要的考察内容，以相同的发展战略和理念文化实现行为的一致，严格审核，严格要求并认真核实入股资金为自有资金，把好主要股东资质进入关，强化对股东和实际控制人的穿透管理。规范股东行为，厘清主体责任边界，防范“一股独大”和内部人控制问题，着力解决股东“越位”和“缺位”问题。根据所有权和经营权分开原则，依法将应由机构自主经营决策的事项归位于机构，股东不得越过董事会、高管层干预机构日常经营。坚决清退问题股东，依法采取惩处措施。优化股权结构，可鼓励金融机构间的整合，丰富优质股东来源。在引入资金的同时，重点改善治理结构，提高治理能力。此外，中小银行要进一步转变发展理念，适应经济从高速增长转向高质量发展阶段的大趋势，从外延式扩张转向内涵式发展，走资本节约型发展道路。监管部门应创新资本补充工具，完善中小银行通过金融市场补充资本的渠道，降低对股本的依赖。

规范信息披露制度，不断提高信息透明度。加强信息披露的主动性、针对性和有效性，确保投资者能及时全面了解银行经营情况，从而充分发挥市场约束对银行公司治理的积极作用。针对目前多数中小银行均未上市的情况，应在不断提高信息披露质量，确保信息披露的真实、准确和完整的同时，提升信息披露的时效性和专业性。可遵循《G20/OECD 公司治理原则》的建议，要求中小银行披露监管要求的信息之外，更多地披露关键性的非财务信息以及公司治理运作情况等。

第三节 我国中小银行监管差异性框架优化与政策设计

一、实施动态的银行分类标准

为促进市场竞争，激励银行持续提高经营管理水平，可效仿美国的做法，实行能上能下的动态监管机制。可根据银行的系统重要性、风险状况和管理水平等指标，积极深入研究银行分类动态调整机制，以定期评估银行分类标准，并根据商业银行发展情况实施动态的分类划型。

从美国最新改革举措来看，基于系统重要性的概念，结合国内实际，综合考虑银行规模、业务复杂性等因素进行银行分类，实施差异性监管标准，是未来我国中小银行监管乃至整个银行分类监管的方向。美国根据银行规模、业务复杂性等因素采用差异化监管标准，对社区银行的监管要求相较大银行有所放松，现场检查程序也更为简化，以降低社区银行的财务成本和合规成本。2019 年 10 月，美联储对商业银行资本充足率、杠杆率、大额风险暴露、流动性指标、压力测试及监管报告等要求统筹修订，以进一步落实适配性的监管原则。

二、做实以资本充足率为核心的及时纠正措施

效仿 FDIC 的做法，赋予存款保险公司更充分直接的信息获取权、现场核查权甚至直接处罚权，做实以资本充足率为核心的及时纠正措施（Prompt Corrective Actions，PCA），强化风险预警和早期纠正作用，引导中小银行不断提升公司治理和经营水平。应从发挥组织、股权、信息和风险四大结构的有效制衡入手，增加存款保险公司调整管理层、停止分红、限制高薪、限制关联交易、强化信息披露、叫停高风险业

务等强纠正手段，督促中小银行持续完善公司治理。如可参考 FDIC 对于资本不足的银行可发布监管 PCA 指令，要求改善管理甚至可要求立即解雇在职超过 180 天的任何董事或高级执行官。加强监管协调和信息共享，必要时可由存款保险公司和监管部门共同采取监管措施。

三、引导中小银行走差异化竞争之路

相较于大型银行，中小银行应充分利用自身优势，即更加了解本地客户的软信息和潜在需求，且机构设置更加扁平化，决策链条短、反应灵活。中小银行要转变发展理念，适应经济从高速增长转向高质量发展的大趋势，从外延式扩张转向内涵式发展，抑制盲目扩张的冲动，摈弃过去那种依赖短期同业负债、轻视核心存款的不正常发展模式，回到银行业最基本的经营模式上来，走资本节约型发展道路。同时，要进一步明确战略定位，立足本土，走差异化的竞争之路。无论从监管导向还是从中小银行自身特点来说，中小银行都应回归本源，以服务民营企业、小微企业、社区客户、个人客户为主，不断地“下沉”服务中心，突出做好普惠金融工作，把握住支持地方经济发展的机遇，深化地缘优势，通过突出自身特色、区域特色，差异化产品和金融服务在竞争中脱颖而出。

四、多渠道补充中小银行资本金

从制度创新入手，为中小银行多渠道补充资本创造更加宽松的外部环境。进一步理顺体制机制，加快符合条件的中小银行上市进程。积极探索创新更多适合中小银行的资本补充工具，除了支持以永续债、可转债、优先股、二级资本债等手段多渠道补充资本金外，为中小银行推出个性化、符合实际的制度安排，加快构建资本补充长效机制。推动多元化投资主体参与，鼓励保险资金、社保资金、职业年金等长期资金投资中小银行。

第四节　我国中小银行监管公平性框架优化与政策设计

一、加快补齐监管制度短板，健全金融监管法律体系

贯彻落实习近平总书记在中央财经领导小组第十五次会议上关于“要及时弥补监管短板，做好制度监管漏洞排查工作，参照国际标准，提出明确要求。要坚决治理市场乱象，坚决打击违法行为”的要求，继续大力推动法律制度建设，构建防范风险的长效机制，为进一步深化金融改革提供法治保障。

1. 及时修订相关法律法规

继续推动《中国人民银行法》《商业银行法》《保险法》《信托法》等修订工作。从现实紧迫性和方案成熟度来看，建议《中国人民银行法》和《商业银行法》尽快推出。

2. 制定相关领域上位法

建议积极推动非存款类放贷组织条例、处置非法集资条例、外资银行管理条例、外资保险公司管理条例的制定和修订。从现实紧迫性和方案成熟度来看，抓紧推动《非存款类放贷组织条例》出台，提请国务院对地方资产管理公司、融资租赁公司、商业保理公司设定行政许可，加强准入管理；推动《处置非法集资条例》与《非法金融机构和非法金融业务活动取缔办法》合并出台；根据党中央、国务院决策部署，尽快将金融控股公司纳入监管，补齐监管短板，目前相关办法正在向社会公开征求意见；按照国务院要求，加快推进《关于完善系统性重要机构监管的指导意见》实施细则制定工作。抓紧修订和完善商业银行资本管理、金融资产风险分类等办法。建议由金融委牵头，研究制定金融广告监管规则并建立审查机制。

3. 从立法层面强化统筹设计制度安排

建议出台统一的金融机构风险处置条例。统筹相关法律法规，建立金融机构市场化退出机制，强化信息披露，健全金融机构自我监管、监管部门监管、行业自律和市场约束的四位一体监管体系。建议强化人民银行金融消费者权益保护部门的职责，对银、保、证金融消费者保护职责进行有效整合。设立全国统一的非诉第三方解决机构，统一受理、处理金融消费者投诉及纠纷调解等工作。因地制宜推进金融消费纠纷调解组织建设。

二、加速中小银行数字化经营转型

数字时代下，面对大型银行和金融科技公司的竞争，中小银行要立足本地和社区，加速数字化转型。要以客户体验为核心、以海量数据为基础、以金融科技为驱动，在客户营销、场景体验、产品创新、服务优化等转化为数字形态的基础上，用数字思维和手段重塑中小银行营销体系、业务产品、服务流程、风险管控和考核激励，优化资产负债表结构。资产端，加快消费信贷、加强场景建设，依靠“区块链+供应链金融”服务中小企业，运用大数据优化信贷业务流程，构建全面风险管理体系。负债端，搭建线上平台拓展低成本资金的获取渠道，借助智能投顾，打造“千人千面”的财富管理方案，满足投资者的个性化需求。此外，由于自主开展技术创新的难度大，中小银行可寻找优质的科创公司及同业合作伙伴，共同打造开放平台，最大化挖掘合作价值。

三、推动行业自律工作，维护公平市场环境

在行业自律组织建设方面，我国银行业已初步建立了体系化的行业自律组织，在维护公平竞争的市场环境、规范市场行为等方面发挥了重要作用。从美日经验来看，均成立了专门的中小银行行业自律组织体系，在配合监管部门督促会员自律、维护行业利益和推

动行业发展等诸多方面扮演了重要角色。我国也可以结合中小银行特点，尝试建立新的行业自律组织，积极推动地方中小银行自律、规范市场竞争。

第五节　我国中小银行监管协调性框架优化与政策设计

一、促进中央层面金融监管协调

建议在国务院金融委办公室统筹指导下，着眼于大局，不断推动中央层面金融监管协调机制的完善。

1. 统筹建立“短期—中期—长期”信息共享平台

该平台旨在提高信息共享及时性、全面性，消除现行监管体制存在的信息孤岛、条块分割以及重复建设等问题，提升对市场整体风险及其传染的识别能力。

建议统筹信息共享短、中、长期三个层面。短期内，强化制度保障，尽快制定金融监管部门信息共享实施细则，明确信息共享流程、方式和保密职责等。优化共享方式，强化定期报表报送制度，在安全保密、职责需要的前提下研究互相开通查询权限，提高数据使用效率，减少系统重复建设。中期，推动金融市场基础设施数据的共享，如中债登、中证登、交易所、外汇交易中心暨同业拆借交易中心、票交所等基础设施相关发行交易、投资者、债券违约、上市金融机构股权和公司治理信息等信息的互联互通。推动央行与金融监管部门间的信息互通，包括货币政策、外汇管理、反洗钱、征信系统、金融机构评级、宏观审慎评估体系、宏观杠杆率、资管产品综合统计等政策和数据信息。推动金融管理部门与其他部委的信息共享，与公安、工商、税务、司法、市场监管总局、网信等部门实现数据对接。完善金融业综合统计工作。建立为服务实体经济、防控金融风险、深化金融改革三大任务服务的金融业综合统计体系，对金融机构、金融基础设施和金融活动形成“全覆盖”统计。长期，探索建立独立的国家金融监管大数据中心。切实打破部门间数据壁垒，实现数据查询、报表生产、数据挖掘、深度分析多方位信息服务，有效推动监管大数据建设。

2. 统筹建立“宏观审慎管理—微观审慎监管”协调机制

在监管政策出台前，充分评估监管政策的宏观效应和市场影响，统一监管标准和要求，避免政策叠加和监管套利。在监管政策出台后，确保各项监管政策标准统一、力度得当、落实到位。

该平台着力于：一是促进产品维度的监管政策协调。对相似功能的金融产品和服务实施功能监管，避免监管套利。出台跨市场、跨业态、跨区域金融新产品、新业态的主监管部门认定标准，设计信息共享和合作机制，实施穿透式监管。加强资产证券化、同业业务、私募基金业务监管规制协调与统筹。二是促进市场维度的监管政策协调。建立健全金融基础设施统筹监管、统筹规划和建设的制度安排，加强债券市场互联互通，推动分类趋同的统一公司信用类债券信息披露规则落地，对信用评级行业统一监管，建立健全债券违约防范处置机制，畅通违约债券司法救济渠道。三是促进机构维度的监管政策协调。加快制定小额贷款公司、融资担保公司、典当行、融资租赁公司、商业保理公司、地方资产管理公司等机构及业务的经营规则和监管办法。配合农业农村部、供销总社等部门，推动农村资金互助合作组织、新型合作金融组织规范开展顶层设计。

同时，促进国际标准协调。一是统筹做好国际监管合规达标工作。积极推动《商业银行资本管理办法（试行）》全面修订工作。尽快明确牵头部门，共同推动总损失吸收能力（TLAC）在我国的落地实施。此外，资本、偿付等国际监管合规达标还会涉及国际国内会计准则衔接，建议金融委牵头，加强评估和参与，防止因会计准则缺陷诱发金融风险，对金融稳定造成隐患。二是统筹金融管理部门参与国际金融监管改革相关工作。协调各方在多边、区域和双边国际事务以及全球经济金融治理和规则制定中的利益诉求，促进国内外监管协调与合作。建立紧急情况应对机制，坚持底线思维，妥善应对个别经济体长臂管辖和单边制裁的风险。

二、完善地方金融监管协调机制

2020年，国务院金融委办公室研究制定了《国务院金融委办公室地方协调机制工作方案》。在组织架构上，分别设立金融委办公室地方协调机制和地方金融工作议事协调机制。金融委办公室地方协调机制接受金融委办公室垂直领导和管理，设在人民银行省级分支机构，由人民银行省级分支机构主要负责同志担任召集人。地方金融工作议事协调机制由省级政府牵头，地方金融监管局（金融办）承担。建议下一步从落实“一二四”入手，共同促进地方经济金融的稳健运行。

1. 出台一个条例

由人民银行牵头，推动出台《地方金融监督管理条例》，明确地方金融监管责任与分工，中央对地方业务指导和有效监督，压实地方监管责任，丰富地方金融监管部门在监管和风险处置方面的手段等。

2. 整合两个资源

一是充实基层金融监管力量，增强地方监管执法能力。二是调整人民银行大区分行体制，按照行政区设立分支机构。

3. 优化四大机制

为建立健全地方金融监管协调机制，建议完善以下四个机制：一是纠偏机制。建议由金融委办公室牵头，专家咨询工作组落实，研发地方金融监管工作评估指标体系。金融委办公室地方协调机制按季度对同级金融管理部门及地方政府开展考核评估并将结果上报金融委办公室，对于不符合相关监管规则的行为，及时发函纠偏。二是问责机制。落实金融委办公室对前期考核评估结果的问责意见建议，根据其授权，按程序分别对金融管理部门和地方政府进行问责。三是仲裁机制。针对地方层面金融监管领域难以协调事项或是纠偏、问责工作中有争议事宜，由金融委办公室授权或派出专员，及时听取各方的意见建议和合理诉求，确保纠偏和问责工作公平、公正、科学、合理。四是跨区域监管协作机制。结合互联网金融专项整治经验，整合监管资源，强化跨区域的监管协作和风险处置机制。

参考文献

[1] Abrams R K, Taylor M W. Issues in the Unification of Financial Sector Supervision [J]. IMF Working Papers, 2000, 00 (213).

[2] Acharya V, Yorulmazer T. Too Many to Fail-an Analysis of Time-inconsistency in Bank Closure Policies [J]. Journal Of Financial Intermediation, 2007, 16 (1): 1 - 31.

[3] Akhavein J, Frame W S, White L J. The Diffusion of Financial Innovations: "An Examination of the Adoption of Small Business Credit Scoring by Large Banking Organizations" Federal Reserve Band of Atlanta Working Paper [J]. The Journal of Business, 2005, 78 (2): 577-596.

[4] Alexander K, Dhumale R, Eatwell J. Global Governance of Financial System: The International Regulation of Systemic Risk [M]. New York: Oxford University Press, 2006.

[5] Allen N, Berger, Gregory F. Udell. Relationship Lending and Lines of Credit in Small Firm Finance [J]. Journal of Business, 1995 (68): 351-382.

[6] Bach D, Newman A. Domestic Drivers of Transgovernmental Regulatory Cooperation[J]. Regulation & Governance, 2014 (8): 395-417.

[7] Basel Committee on Banking Supervision. Global Systemically Important Banks: Updated Assessment Methodology and the Higher Loss Absorbency Requirement [R]. BCBS, 2011.

[8] Basel Committee on Banking Supervision. Supervisory Guidance on Dealing with weak Banks [R]. BCBS, 2002.

[9] Beck T, Levine R, Loayza N. Finance and the Sources of Growth

[J]. Journal of Financial Economics, 2000, 58(1-2): 261-300.

[10] Beltratti A, Stulz R M. The Credit Crisis around the Globe: Why did Somebanks Perform Better? [J]. Journal of Financial Economics, 2012(1): 1-17.

[11] Bowman M W. Direction of Supervision: Impact of Payment System Innovation on Community Banks [R]. Atlanta, Georgia: Federal Reserve Bank of Atlanta, 2020.

[12] Brown C O, Dinc I S. Too Many to Fail? Evidence of Regulatory Forbearance when the Banking Sector is Weak [J]. The Review of Financial Studies, 2011, 24 (4): 1378-1405.

[13] Craig O, Brown and I, Serdar Din. The Politics of Bank Failures: Evidence from Emergingmarkets [J]. Quarterly Journal of Economics, 2005, 120 (4): 1413-1444.

[14] Dell' Ariccia G, Peria MSM, Lgan DO, et al. Trade-offs in Bank Resolution [J]. IMF Discussion Notes, 2018, 18 (2): 1.

[15] Demirgüc - Kunt A, Kane E J, Laeven L. Determinants of Deposit-insuranceadoption and Design [J]. Journal of Finacial Intermediation, 2008, 17 (3): 407-438.

[16] Dewatripont M, Freixas X. Bank Resolution: A Framework for the Assessment of Regulatory Intervention [J]. Oxford Review of Economic Policy, 2011, 27 (3): 411-436.

[17] Diemer M, Vollmer U. What Makes Banking Crisis Resolution Difficult? Lessons from Japan and the Nordic Countries [J]. Eurasian Economic Review, 2015, 5 (2): 251-277.

[18] Federal Deposit Insurance Corporation (FDIC) Community Banking Study [EB/OL]. [2020-04-28]. https://www.fdic.gov/regulations/resources/cbi/report/cbi-full.pdf.

[19] Financial Stability Board . Key Attributes of Effectives Resolution Regimes for Financial Institutions [R], FSB, 2014.

[20] Financial Stability Board . Total Loss - absorbing Capacity

(TLAC) Principles and Term Sheet [R], FSB, 2015.

[21] Fortin R, Goldberg G M, Roth G. Bank Risk Taking at the Onset of the Current Banking Crisis [J]. Financial Review, 2010, 45 (4): 891-913.

[22] Goodhart C A E. The Regulatory Response to the Financial Crisis [J]. Journal of Financial Stability, 2008, 4 (4): 351-358.

[23] Gordon J N, Ringe W. G. Bank Resolution in the European Banking Union: A Transatlantic Perspective on What It would Take [J]. Columbia Law Review, 2015, 115: 1297-1369.

[24] Imai M. Political Influence and Declarations of Bank Insolvency In Japan [J]. Jouurnal of Money Gredit & Banking, 2009, 41 (1): 131-158.

[25] International Association of Deposit Insurers, Basel Committee on Banking Supervision. Core Principles for Effective Deposit Insurance Systems [R], BCBS, 2009.

[26] Korte J. Catharsis-the Real Effects of Bank Insolvency and Resolution [J]. Journal of Financial Stability, 2015 (16): 213-231.

[27] Krugman P R. A Model of Balance of Payment Crisis [J]. Journal of Money Credit and Banking, 1979, 11 (3): 311-325.

[28] Levine R. Finance and Growth: Theory and Evidence [R]. Handbook of Economic Growth, 2005.

[29] Masciandaro D, Nieto M, Quintyn M. Financial Supervision in the EU: Is There Convergence in the National Architectures? [J]. Journal of Financial Regulation and Compliance, 2009, 17 (2): 86-95.

[30] Masciandaro D. Pansini R V, Quintyn M. The Economic Crisis: Did Supervision Architecture and Governance Matter? [J]. Journal of Financial Stability, 2013, 9 (4): 578-596.

[31] Masciandaro D, Romelli D. Central Bankers as Supervisors: Do Crises Matter? [J]. European Journal of Political Economy, 2018, 52 (3): 120-140.

[32] Petersen M A, Rajan R G. Does Distance Still Matter? The Information Revolution in Small Business Lending [J]. The Journal of Finance, 2002 (57): 2533-2570.

[33] Pys J. Robustness of the Bank Resolution Framework Robustness in the European Union [J]. Copernican Journal of Finance & Accounting, 2017, 6 (1): 77-87.

[34] Stein J C. Information Production and Capital Allocation: Decentralized Versus Hierarchical Firms [J]. The Journal of Finance, 2002, 57(5): 1891-1921.

[35] Strahan P E, Weston J P. Small Business Lending and the Changing Structure of the Banking Industry [J]. Journal of Banking & Finance, 1998, 22 (6-8): 821-845.

[36] 安徽银保监局课题组．中小银行公司治理中的“三衡”问题思考与建议 [J]. 银行家, 2019 (9): 88-90.

[37] 安世友. 论存款保险制度下我国问题金融机构退出机制的转变 [J]. 金融监管研究, 2015 (6): 93-105.

[38] 巴曙松, 王劲松, 刘家鹏, 等. 金融机构风险处置的理论模型研究 [J]. 宏观经济研究, 2012 (6): 50-55.

[39] 白炜．日本地方银行：经营战略与发展趋势 [J]. 金融经济学研究, 2009, 24 (4): 59-66.

[40] 财新周刊编辑部. 包商银行的警示 [J]. 财新周刊, 2019 (22): 1-4.

[41] 陈岱松．回望中国资本市场的发展历程——纪念改革开放30年 [J]. 科技与经济, 2009, 22 (1): 70-73.

[42] 陈洁．中小商业银行预期信用损失模型构建及应用 [J]. 金融纵横, 2020 (1): 45-53.

[43] 陈雨露, 马勇．金融危机应对政策的有效性：基于40起事件的实证研究 [J]. 财贸经济, 2011 (1): 41-48.

[44] 戴季宁. 金融机构处置机制：国际经验与启示 [J]. 当代金融研究, 2017 (1): 22-28.

[45] 戴志锋. 从“包商银行”看金融监管：箱体中找“平衡点”[EB/OL].[2019-06-03]. http：s//shandong. hexun. com/197403488. html.

[46] 邓超，敖宏，胡威，王翔. 基于关系型贷款的大银行对小企业的贷款定价研究［J］. 经济研究，2010，45（2）：83-96.

[47] 邓大洪. 新冠肺炎疫情下小微企业如何自救与强身［J］. 中国商界，2020（3）：20-21.

[48] 丁栋梁. 中小商业银行在利率市场化进程中的利率风险管理研究［J］. 全国流通经济，2020（6）：174-175.

[49] 丁志杰. 欧美中小银行的发展经验及其借鉴意义［J］. 金融论坛，2002（4）：52-56.

[50] 郭田勇. 金融业 60 年发展历程谈［J］. 中国中小企业，2009（12）：63-66.

[51] 何婧. 中美中小银行比较研究［M］. 北京：中国金融出版社，2013.

[52] 何婧. 中小银行经营绩效影响因素的实证研究——基于中美数据的对比分析［J］. 财经理论与实践，2014，35（1）：27-32.

[53] 贺丹. 金融机构市场化退出：一个制度协调的新思路［J］. 东方论坛，2017（1）：101-108.

[54] 胡天伊. 美国社区银行监管机制对促进我国中小银行发展的启示［J］. 时代金融，2020（3）：50-51.

[55] 纪森，李宏瑾. 当前我国中小银行风险成因及政策建议［J］. 金融理论与实践，2019（12）：48-54.

[56] 金安刚. 浅析商业银行中小企业信贷风险及防范对策［J］. 现代经济信息，2019（23）：260.

[57] 李成，马国校，李佳. 基于进化博弈论对我国金融监管协调机制的解读［J］. 金融研究，2009（5）：186-193.

[58] 李华民，吴非. 谁在为小微企业融资：一个经济解释［J］. 财贸经济，2015（5）：48-58.

[59] 李奇霖，蒋扬天. 同业监管、流动性分层与货币政策［J］.

宏观经济研究，2018（11）：5-16.

［60］李泉，陈欣妍．中国保险业 70 年：发展历程与前景展望［J］．中国保险，2019（10）：27-34.

［61］李献兵，邹晓勇．中日两国银行集中度比较研究［J］．生产力研究，2008（20）：101-102.

［62］李献平．中小商业银行三会一层风险控制研究［M］．北京：中国金融出版社，2018.

［63］李新安．商业银行破产风险处置机制研究［J］．华北金融，2018（2）：48-55.

［64］李鑫．美国两次银行业危机中 FDIC 处置中小银行风险实践及其启示［J］．海南金融，2020（2）：21-25.

［65］李志赟．银行结构与中小企业融资［J］．经济研究，2002（6）：38-45+94.

［66］林毅夫，李永军．中小金融机构发展与中小企业融资［J］．经济研究，2001（1）：10-18+53-93.

［67］凌敢．全面提升城商行公司治理水平［J］．中国金融，2018（14）：31-33.

［68］凌华薇．处置问题机构的模式变了？［J］．财新周刊，2019（29）：1-2.

［69］刘端．利率市场化进程中中小商业银行利率风险控制探析［J］．商讯，2020（4）：85.

［70］刘鸿儒．中国资本市场的发展与展望［J］．金融科学，1999（2）：1-11.

［71］刘龙．中小上市银行股权管理的几点思考［J］．中国银行业，2019（6）：32-35.

［72］刘士余．金融稳定案例选编［M］．北京：中国金融出版社，2014.

［73］刘涛．中小商业银行公司治理之策［J］．人民论坛，2011（34）：86-87.

［74］刘相友，梁锐，李成．基于博弈理论的金融监管协调机制

与整体效率研究［J］. 统计与决策，2010（1）：143-145.

［75］刘向民. 我国金融机构风险处置的思考［J］. 中国金融，2018（11）：42-44.

［76］刘玉操．日本金融制度［M］. 北京：中国金融出版社，1992.

［77］卢志强. 我国问题银行市场化退出机制研究［J］. 区域金融研究，2018（11）：21-24.

［78］陆岷峰．中小商业银行：风险事件与治理［J］. 金融市场研究，2020（1）：91-96.

［79］陆岷峰，周军煜．中国银行业七十年发展足迹回顾及未来趋势研判［J］. 济南大学学报（社会科学版），2019，29（4）：5-19.

［80］陆岷峰，周军煜．中小商业银行：风险事项与股权溯源及治理对策［J］．华北金融，2020（3）：35-47.

［81］吕茉，吴越. 巴塞尔委员会《问题银行识别和应对指引》及启示［J］. 金融发展评论，2015（11）：64-69.

［82］吕艳霞. 完善我国金融机构市场化退出机制研究——以美国、日本为例［J］. 上海经济研究，2014（10）：57-62.

［83］罗嘉，李连友．基于协同学的金融监管协同度研究［J］. 财贸经济，2009（3）：15-19.

［84］罗正英，周中胜，王志斌．金融生态环境、银行结构与银企关系的贷款效应——基于中小企业的实证研究［J］. 金融评论，2011，3（2）：64-81+125.

［85］罗志恒．新冠疫情对经济、资本市场和国家治理的影响及应对［J］. 金融经济，2020（2）：8-15.

［86］民生证券. 关注包商托管背后的金融供给侧改革——包商银行事件影响几何？［R］，民生证券，2019-5-31.

［87］宁宇婷．中小商业银行管理会计应用的现实问题及政策建议［J］. 营销界，2019（51）：227-228.

［88］欧明刚．中小银行的资本补充［J］. 银行家，2019（12）：11-13.

［89］潘林伟，吴娅玲．混业经营条件下监管协调与金融机构的博弈模型建立及求解［J］. 统计与决策，2013（13）：52-55.

［90］庞继英，张健华. 金融机构市场退出问题研究［M］. 北京：中国金融出版社，2008.

［91］裴绍军，梁伟，刘晓鑫，等. 存款保险早期纠正机制的国际经验及我国框架设计［J］. 金融发展评论，2017（3）：45-56.

［92］强锴．关于我国商业银行中小企业信贷风险管理探微［J］. 财经界（学术版），2019（24）：73.

［93］秦建文，滕飞，莫璐嘉，等. 经济转型与中小银行集团客户信贷风险管控——基于2008—2018年69家中小银行面板数据分析［J］. 广西大学学报（哲学社会科学版），2020，42（1）：137-147.

［94］丘斌．中小银行流动性风险成因及对策［J］．中国银行业，2019（12）：52-54.

［95］尚福林. 稳步推进民营银行科学发展［J］. 求是，2015（18）：31-32.

［96］沈国兵．"新冠肺炎"疫情对我国外贸和就业的冲击及纾困举措［J］. 上海对外经贸大学学报，2020，27（2）：16-25.

［97］沈坤荣，李莉．银行监管：防范危机还是促进发展？——基于跨国数据的实证研究及其对中国的启示［J］. 管理世界，2005（10）：6-23.

［98］史小坤，石乐陶，王文中．商业银行操作风险的声誉风险效应及影响因素研究［J］. 金融监管研究，2020（1）：30-50.

［99］孙宗宽．中国中小商业银行发展战略研究［M］. 北京：中国金融出版社，2015.

［100］田宏杰，郑志．激励还是控权：中国金融监管现代化的机能定位［J］. 国家行政学院学报，2009（3）：36-38.

［101］王刚，贾润崧．中小银行面临的多重风险与对策建议［J］. 中国银行业，2020（1）：71-72.

［102］王国刚．中国银行业70年：简要历程、主要特点和历史经验［J］. 管理世界，2019，35（7）：15-25.

[103] 王健聪．银行规模结构与中小企业融资影响研究［J］．经济体制改革，2012（3）：135-138.

[104] 王鹏．信用分层语境下的中小银行信用风险探析［J］．北方经济，2020（3）：72-77.

[105] 王天宇. 新常态下中小银行信贷风险管理研究［J］. 征信，2015，33（9）：18-21.

[106] 王兆星. 高风险金融机构的处置与退出机制——银行监管改革探索之十［J］. 中国金融，2015（11）：17-21.

[107] 王忠生．中国金融监管制度变迁研究［M］．湖南：湖南大学出版社，2012.

[108] 韦颉. 处置问题金融机构的一般原则与国际经验——银行业金融机构市场退出机制国际研讨会侧记［J］．中国金融，2007（3）：68-69.

[109] 位华，薛涵文．中日两国中小银行体系的国际比较及借鉴［J］．北方金融，2019（2）：49-55.

[110] 吴玓，刘静．基于地方法人中小银行同业业务的流动性风险监管指标研究［J］．西部金融，2019（12）：86-89.

[111] 肖畅. 金融监管协调机制的进化博弈研究［J］. 经济研究导刊，2015（20）：235-236.

[112] 徐建平，金禹辰．中小商业银行小微企业信贷风险控制措施研究［J］．时代金融，2020（6）：142-143.

[113] 薛宇择，张明源．我国中小企业融资困境分析及其应对策略——效仿德国中小企业融资框架［J］．西南金融，2020(2)：18-30.

[114] 薛誉华，王巧．我国中小型商业银行风险防范研究——基于对股份制银行和城市商业银行潜在损失水平的计量分析［J］．价格理论与实践，2019（12）：88-91.

[115] 姚耀军，董钢锋．中小银行发展与中小企业融资约束——新结构经济学最优金融结构理论视角下的经验研究［J］．财经研究，2014，40（1）：105-115.

[116] 于永达．日本地方银行的经营机制［J］．国际经济合作，

1999（8）：42-45.

［117］袁冬云，杨勇．多措并举构建中小银行流动性风险管理防线［J］．中国银行业，2020（1）：73-75.

［118］张光华．当前我国中小银行资产负债管理的问题与对策［J］．银行家，2019（12）：17-19.

［119］张昊．改革开放四十年我国金融改革历程与展望——从国家财政角度的观察与思考［J］．财政科学，2018（8）：100-116.

［120］张弘．日美中小银行：路径不同结果迥异［J］．银行家，2006（7）：36-38.

［121］张雪春，钟震．从公司治理的源头入手解决中小银行的风险［J］．清华金融评论，2020（2）：31-35.

［122］张雪强．银行业金融机构市场退出法律制度研究［D］．重庆：西南政法大学，2011.

［123］郑万春．中国银行业改革历程与趋势展望［J］．清华金融评论，2018（7）：69-74.

［124］郑艳丽．美日中小银行发展比较研究［D］．保定：河北大学，2005.

［125］中国人民银行锡林郭勒盟中心支行课题组．防风险视角下的金融分权与地方政府行为研究［J］．北方金融，2020（3）：19-22.

［126］中国人民银行银行监管课题组．进一步发挥现有中小商业银行的作用［J］．中国金融，2002（10）：7-10.

［127］钟震，郭立．新冠肺炎疫情对中小银行的影响及对策研究［J］．武汉金融，2020（3）：37-41.

［128］周皓，沙楠，赵靖．2019 年度中国系统性金融风险报告——防范中小银行处置风险［J］．清华金融评论，2020（1）：105-108.

［129］周建刚，何文玉．美日处置问题中小金融机构的经验借鉴及启示［J］．金融经济，2019（24）：41-42.

［130］周炯成．商业银行对中小企业贷款的风险管理研究［J］．财经界，2020（1）：110-111.

［131］周祥军．我国中小银行风险生成机理及稳健发展路径研究

［J］．理论探讨，2020（3）：110-115.

［132］周小川. 金融危机中关于救助问题的争论［J］. 金融研究，2012（9）：1-19.

［133］左和平，朱怀镇．中日中小银行监管比较与启示——基于新资本协议框架［J］. 财政研究，2009（1）：79-80.

后 记

本书酝酿于“包商银行事件”之后，成书于新冠肺炎疫情暴发期间，在笔者前期发表的系列文章的基础上修改完成。本书能够付梓实属不易，可谓“风雨晨昏人不晓，个中甘苦只自知”。

感谢国家社会科学基金、国家自然科学基金、经济管理出版社对本书研究在经费和出版上的大力支持。特别感谢经济管理出版社宋娜主任的辛勤付出。

谨以此书献给我的父母、家人、挚友，没有他们不求回报的支持和无怨无悔的奉献，本书付梓只会沦为妄谈。

由于能力、时间与工具的限制，本书的纰漏与失误在所难免，后续将继续关注和完善。

钟震

2020 年 8 月